인간답게 정의롭게,
그래서
헌법이야!

KB177309

십대들을 위한 쓸모 있는 헌법 이야기

인간답게 정의롭게,
그래서 헌법이야!

발행일 2022년 8월 1일 초판 1쇄 발행
지은이 주수원
발행인 방득일
편 집 박현주, 허현정, 한해원
디자인 강수경
마케팅 김지훈

발행처 맘에드림
주 소 서울시 도봉구 노해로 379 대성빌딩 902호
전 화 02-2269-0425
팩 스 02-2269-0426
e-mail momdreampub@naver.com

ISBN 979-11-89404-70-3 44360
ISBN 979-11-89404-03-1 44080(세트)

십 대 들 을 위 한 쓸 모 있 는 헌 법 이 야 기

인간답게 정의롭게, 그래서 헌법이야!

주수원 지음

맘에드림

다양한 생각 속에서 정의를 찾아가는
쓸모 있는 헌법 이야기

여러분에게 헌법은 어떤 의미가 있나요? 수업 시간에나 잠깐 접했을 뿐, 어쩐지 여러분의 현실과는 다소 동떨어진 것이라고 여겨 '굳이 알 필요가 있나?' 하고 생각할지 모르겠군요. 하지만 헌법은 생각보다 여러분의 삶과 매우 밀접한 관련이 있습니다. 또한 헌법은 정치, 경제, 사회, 문화를 비롯하여 우리의 삶을 지배하는 원칙과 깊이 접목된 만큼 알아두면 꽤 쓸모 있는 지식이기도 합니다.

헌법, 국민주권과 국민의 기본권을 지켜라!

일단 헌법은 여러분이 국가의 주인이라고 선언한 가운데 국민 모두와 함께 국가를 어떻게 꾸려갈지 정합니다. 그리고 헌법은 여러분이 의식하지 못하는 사이에 대한민국 국민의 한 사람으로서 다양한 영역에 걸쳐 기본권을 보호해주고 있죠.

조금 더 구체적으로 살펴볼까요? 대한민국 헌법 제1조 2항에는 "대한민국의 주권은 국민에게 있고, 모든 권력은 국민으로부터 나온다."라고 적혀 있습니다. 여러분들 역시 국민이므로 대한민국의 권력은 여러분에게서 나오는 것입니다. 헌법은 우리나라 헌법은 권력이 주권자인 국민의 뜻에 어긋나지 않도록 감시하는 한편, 주권자인 국민의 생애 전반에서 떼려야 뗄 수 없는 중요한 가치 기준이 되기도 하죠.

또한 헌법은 국가를 다스리는 기초적인 원리로서, 국민의 기본적인 권리, 즉 기본권을 보장하는 역할을 합니다. 국민으로서 권리와 의무를 알고, 나아가 그 권리와 의무를 제대로 행사하며 살아가는 것은 남녀노소를 막론하고 누구에게나 중요한 일입니다. 또한 헌법상의 모든 권리와 의무는 특정인 또는 특정 계층에 치우쳐 편파적인 특혜나 반대로 불이익을 주어서는 절대 안 됩니다. 국민 대다수가 공정하고 정의롭다고 느낄 수 있게 헌법의 가치가 구현되는 것이 중요하죠.

그런데 말로는 우리가 국가의 주인이라고 하지만, 그것이 대체 어떤 의미인지는 잘 와 닿지 않을 수 있습니다. 또한 구체적으로 헌법이 나의 어떤 권리를 지켜주는지도 막연할 수 있죠. 이 책은 이런 여러분들을 위해 쓰여졌습니다.

이 책에 담긴 내용은?

먼저 1장 '헌법 바로보기'에서는 헌법이 탄생하게 된 배경을 법치주의, 민주주의와 연결하여 역사적으로 설명했습니다. 또한 미국, 일본, 북한 등 다양한 외국 헌법과 우리나라 헌법을 비교해서 설명했습니다. 이를 통해 "국가의 권력은 국민으로부터 나온다."는 어쩌면 오늘날 우리에게는 당연하게 여겨질지 모르는 민주주의 원칙이 얼마나 많은 투쟁의 역사 속에서 쟁취되었고, 헌법을 통해 명문화되었는지 알 수 있을 것입니다.

다음으로 2장 '헌법과 헌법재판'에서는 헌법에 따라 똑바로 하는지 지켜보는 헌법재판소의 역할에 대해 소개했습니다. 이를 통해 헌법에서 보장하는 기본권이 구체적으로 무엇인지 그리고 이를 헌법재판소가 어떠한 방식으로 현실에서 지켜나가는지를 알 수 있을 것입니다.

3장 '헌법과 기본권'에서는 국내외의 실제 사례들을 통해 헌법 작동 원리에 조금이라도 쉽게 다가가려고 노력했습니다. 예컨대 초등학교 일기장 검사는 사생활의 자유권 침해가 아닌지, 여성의 자기결정권에 따라서 낙태할 경우 태아의 생명권과 충돌하는 것은 아닌지, 평등권에 따라서 동성애자들의 결혼도 법적으로 인정해야 하는 것은 아닌지 등 다양한 헌법재판 사례들을 소개하며, 여러분 스스로도 한 번 다시 생각해볼 수 있게 질문을 던지기도 했습니다. 다만 법률용어와 재판에서 사용되는 표현이 실제 언어 표현과는 다소 괴리감이 느껴지고 바로 이해되지 않는 측면도 있어, 직접 판결문을 예시한 경우가 아니라면 판결 내용을 풀어서 설명했음을 미리 밝힙니다.

끝으로 4장 '헌법기관과 심판'에서는 헌법기관에 대해 살펴보았습니다. 헌법기관이란 최고법인 헌법에 의거하여 설치되고 운영되는 기관으로, 이에 관해서는 헌법 제40조부터 제118조까지 나와 있죠. 이들은 헌법에 의거하여 만들어진 기관이기 때문에 헌법을 개정하지 않는 이상 없앨 수 없는 그만큼 중요한 기관들로 국회, 대통령, 법원 등이 포함됩니다. 이들은 어떤 역할을 하고, 이와 관련한 헌법재판 판례는 무엇이 있는지 살펴보았습니다.

하나의 정답에 얽매이지 않는 다채로운 생각의 잔치

여러분에게 당부하고 싶은 건 이 책을 읽으면서 헌법의 내용과 헌법재판소의 판결에만 너무 얽매이지 말라는 점입니다. 본문에서 더 자세히 얘기하겠지만, 지금의 헌법은 얼마든지 바뀔 수 있습니다. 또한 헌법재판소 역시 종전의 입장을 바꿔 새로운 판결을 내리기도 합니다. 따라서 하나의 정답을 찾으려 애쓰지 말고, 각자 나름대로 다채로운 생각을 펼쳐가기를 바랍니다. 헌법은 그 자체로는 추상적이며 모호성도 큽니다. 바로 그러한 점 때문에 다양한 생각을 존중하고 새로운 생각을 이끌어낼 수 있습니다.

다만 함께 더불어 살아가는 공동체에서 지켜져야 할 것은 무엇인지의 관점에서 사안을 고민해봤으면 합니다. 나의 권리가 소중한 만큼 다른 사람의 권리도 소중하니까요. 서로 조금씩 양보하며 모두의 권리를 보호하는 방법도 있으며, 좀 더 많은 사람의 권리가 보장될 수 있도록 중재하는 방법도 있습니다. 또 때론 소수의 권리가 더욱 소중하게 보호되어야 할 사안도 있고요. 헌법이 구체적인 사건과 만나면 어느 한쪽에 치우치지 않도록 입체적이고 다각도로 생각하고 해석하는 것이 중요합니다. 그런 심사숙고의 과정을 거쳐 최선의 의사결정을 내리는 거죠. 헌법의 원리를 이해하는 것은 이처럼 자신의 권리와 정당한 권리행사를 넘어 타인의 권리와 권리행사를 존중하는 마음, 권리를 지킬 때 넘지 말아야 할 선과 지켜야 할 책무 등을 깨닫는 과정이기도 합니다. 이는 무심코 지나쳐 온 세상의 불합리와 불의에 대해 좀 더 비판적 시각을 갖게 하고, 나아가 공정의 메커니즘 구현을 위해 노력하는 의식 있는 시민으로 성장하는 데도 분명 도움을 줄 것입니다.

덧붙여 강조하지만, 여러분이 국가의 주인이라는 관점에서 각 사안에 대해 진지하게 나름의 판단을 내려보기를 바랍니다. 살면서 부딪힐 수 있는 수많은 문제 상황 속에서 주권자로서 권한을 어떻게 행사할 것인지 가치를 세우고 방향을 정하며, 모호함 속에서 다양한 생각을 떠올려 볼 수 있을 것입니다. 자, 그럼 저와 함께 즐거운 헌법 여행을 떠나봅시다!

주 수 원

차 례

저자의 글 • 004 • 다양한 생각 속에서 정의를 찾아가는 쓸모 있는 헌법 이야기

헌법 바로보기

"법 위의 법, 헌법을 만나다!"

01 알쏭달쏭, 헌법이 궁금해?　　　　　　　　　　　　　　　018

법치주의, "왕도 뭐든 맘대로 하면 안 되지!" 019 ㅣ 입헌주의, "법률의 통일성을 만든 헌법에 따르다!" 022 ㅣ 민주주의, "헌법이 민주주의 원리에 근거하는가?" 023 ㅣ 헌법, 역사와 함께 진화하다 025

02 헌법의 역사는 세계 민주주의의 역사다?　　　　　　　　027

왕의 권리를 제한하고 국민의 자유권을 보장한 영국 028 ㅣ 역사상 최초의 문서화된 헌법을 제정한 미국 031 ㅣ 국민에 국민을 위한 새로운 나라를 만들려 한 프랑스 시민의 힘 035

03 우리나라의 헌법은 어떻게 발전되어왔나?　　　　　　　040

근대부터 해방까지, 왕의 절대권력을 내려놓게 하다 040 ㅣ 권력자들의 권력 연장 수단이 되어버린 암울한 개헌의 역사 042 ㅣ 민주주의 시대, 긴급조치 1호의 위헌을 판시하다 046

04 해외의 헌법은 어떤 가치에 주목하는가?　　　　　　　052

삼권분립을 통한 힘의 균형과 개인의 인권보장을 강조한 미국의 헌법 053 ㅣ 2차 세계 대전 패전국으로서 뼈저린 대가가 담긴 일본의 헌법 057 ㅣ 국가원수 중심의 국가관이 드러나는 북한의 헌법 061

헌법과 헌법재판

2장

"헌법에 어긋나지 않는지 똑똑히 지켜볼 거야!"

01 헌법재판소는 왜 필요할까요? 066

만약 '법'이 잘못된 거면 어떻게 해? 067 ㅣ 헌법재판소, 헌법질서를 수호하라! 068

02 헌법재판은 일반 재판과 무엇이 다를까요? 071

누가, 어떻게 판단할까? 071 ㅣ 대법원과 헌법재판소의 관계는? 073 ㅣ 재판의 효과는 어디까지 미칠까? 077

03 헌법재판은 어떤 경우에 이루어질까요? 080

위헌법률심판, "이 법은 아무래도 중대한 오류가 있어 보입니다만…" 081 ㅣ 탄핵심판, "당신을 파면합니다!" 083 ㅣ 정당해산심판, "민주주의에 반하는 정당은 인정할 수 없습니다!" 085 ㅣ 권한쟁의심판, "그건 우리 권한이니 선 넘지 마라!" 087 ㅣ 헌법소원심판, "국가가 나의 기본권을 침해하고 있어요!" 088

04 잡힐 듯 말 듯 모호한 기본권, 실체가 궁금해? 090

헌법이 보장하는 국민의 기본권에 관하여 090 ㅣ 내 기본권과 네 기본권이 충돌하면 어떻게 되지? 094 ㅣ 기본권도 제한될 수 있나요? 096 ㅣ 필요성은 정당하지만, 수단과 방법의 최소한도를 벗어난 위헌 사례 098 ㅣ 법적 이익의 균형상 감수되어야 할 기본권 제한으로 본 합헌 사례 100

05 우리 헌법이 수호하는 기본권에는 어떤 것들이 있는가? 102

인간의 존엄권 · 행복추구권 · 인권, "모든 기본권의 이념적 출발점" 103 ㅣ 평등권, "같은 것은 같게, 다른 것은 다르게" 104 ㅣ 자유권, "국가권력에서 보호하는 개인의 자유" 105 ㅣ 참정권, "정책 결정에 참여하거나 대표자를 뽑을 권리" 106 ㅣ 청구권, "국가에 적극적으로 행위를 요구할 권리" 107 ㅣ 사회권, "함께 더불어 살아가는 세상을 위하여" 108

3장 헌법과 기본권

"헌법, 국민의 기본권을 지켜라!"

01 아무리 구치소라도 칼잠은 좀 심한 거 아니오!   112

죄수는 존엄을 침해당해도 싸다는 건가요? 113 ㅣ 헌법의 핵심 개념은 인간의 존엄과 가치 114

02 내 안전벨트 착용을 왜 국가가 하라 마라 강요해!   117

안전벨트 강요가 사생활 침해라고? 118 ㅣ 헌법상 자유는 무제한 보장되는 것이 아니다 119

03 여성의 자기결정권과 태아의 생명권이 충돌하다!   121

낙태금지법과 자기낙태죄에 대한 헌재의 엇갈린 판단 122 ㅣ 여성의 자기결정권과 태아 생명 보호 실현의 최적화 해법은? 124

04 청소년 대상 성범죄를 저지른 파렴치범의 신상을 공개한다!   127

법원은 왜 그들의 신상을 만천하에 공개했나? 129 ㅣ 성매수자의 일반적 인격권 vs 청소년 성보호라는 공익적 요청 131

05 공무원 시험에 군 가산점이 웬 말인가요?   134

군 가산점이 직업선택의 자유와 평등권을 침해한다? 135 ㅣ 그럼 남자만 의무적으로 군대 가는 것도 위헌 아닌가요? 138

06 흑인은 흑인끼리, 백인은 백인끼리 교육을 받으라고?   141

모든 인간이 동등하게 창조되었다며 독립했건만⋯ 141 ㅣ 분리교육은 평등권을 보장한 수정헌법에 위배된다 143

07 우리 그냥 결혼하게 해주세요! 147

사랑에는 국경도 없다는데… 148 │ 개인은 정체성과 신념을 선택할 권리가 있다! 150

08 특별법에 의한 공소시효 예외, 기본권의 침해일까? 154

신체의 자유, 헌법은 어떻게 보장하는가? 154 │ 무고한 시민을 학살하고 헌정질서를 파괴한 범죄에 대한 처벌은? 156 │ 형벌불소급원칙보다 중대한 헌정질서 파괴자들에 대한 정당한 응징 159

09 아무리 위험해도 국가가 개인의 여행을 막을 수 있나요? 162

국가, 국민의 생명과 신체, 재산을 보호하라 163 │ 사익을 제한함으로써 국민에게 돌아가는 공익은 무엇인가? 164

10 대형마트 영업시간 제한, 직업선택의 자유에 위반될까? 166

헌법에서 보장하는 직업선택의 자유 167 │ 영업을 하라 마라 강요하는 건 직업의 자유 침해 아닌가요? 168

11 내 몸이고 내 맘, 사랑은 사생활 아닌가요? 170

이 사랑은 유죄입니까? 171 │ 결혼과 성에 대한 국민의 인식 변화를 인정하다 172

12 초등학교 일기장 검사, 사생활의 자유 침해 아닌가요? 176

어려도 사생활의 비밀과 자유는 존중해주세요! 177 │ 헌재와 달리 기속력은 없는 국가인권위의 결정 179

13 나는 양심적 병역거부자입니다! 181

국방의 의무는 나의 양심에 반합니다 182 │ 대체복무제를 통해서도 공익은 달성할 수 있다 183

14 학교 가야 하는데, 야외집회는 낮에만 하라고요?　186

헌법이 보장하는 집회 결사의 자유 187 ｜ 야간집회 제한은 헌법에 보장된 집회 결사의 자유를 침해한다 188 ｜ 국민 대다수의 근무 및 학업 시간대를 고려하다 189

15 정치적 판단은 어른만 할 수 있나요?　192

우리도 투표하게 해주세요! 193 ｜ 정치적 판단 능력은 대체 어떻게 판단하지? 194 ｜ 결국 하향 조정된 선거연령 195

16 사복 입고 재판받게 해주세요!　198

형이 확정된 기결수가 또 다른 재판을 받는 상황이라면? 199 ｜ 수의가 공정한 재판을 받을 권리를 제한한다? 200

17 능력에 따라 특목고 가겠다는 게 문제인가요?　203

능력에 따라 균등하게 교육받을 권리 204 ｜ 평준화가 헌법에 위배될 만큼 기본권을 침해하는가? 205

18 양성평등 시대, 가장은 꼭 남자일 필요가 있나요?　207

남성 호주를 중심으로 가족관계를 등록하던 호주제 208 ｜ 혼인과 가족에 관한 헌법 최고의 가치규범은 양성평등과 개인의 존엄 209 ｜ 비록 헌법에 위배되나, 공적 기록의 중대한 공백이 생기지 않도록 211

헌법기관과 심판

4장 ·············· "헌법을 지키고 실현하는 헌법기관들의 이야기 속으로"

01 헌법기관에는 어떤 것들이 있을까요?   216

국회, "법을 제정하다" 218 ㅣ 정부, "법대로 집행하다" 221 ㅣ 법원, "법률을 적용하다" 224 ㅣ 선거관리, "헌법상 공정과 중립성을 수호하다" 227 ㅣ 지방자치, "지역사회 주민의 참여로 국민주권을 실현하다" 228 ㅣ 헌법재판소, "헌법을 근거로 심판하다" 231

02 정당해산, 왜? 어떻게?   233

우리와 뜻이 같은 사람들, 여기 모여라! 234 ㅣ 민주주의의 수호 vs 해악? 정당해산심판의 양면 235 ㅣ 그럼에도 불구하고 소수의견은? 237 ㅣ 독일 연방헌법재판소의 서로 다른 판결에 관하여 238

03 힘 있는 정당이 맘대로 법을 만들면 어떻게 하죠?   242

국회의 날치기 통과에 대한 헌재의 심판은? 242 ㅣ 국회법 개정에도 여전히 막강한 다수당의 권한 244

04 대통령이라고 마음대로 하면 안 됩니다!   248

권리도 의무도 모두 막중한 대통령 249 ㅣ 대한민국 헌정사상 최초의 대통령 탄핵 사건 251

에필로그 • 256 • 헌법은 우리와 함께 진화한다
참고자료 • 269

"법 위의 법, 헌법을 만나다!"

우리나라는 법에 의해 다스려지는 '법치주의' 국가입니다. 대부분의 선량한 사람들은 법의 테두리 안에서 자발적으로 법을 지키고, 또 법의 보호를 받으며 자유롭게 살아갑니다. 그런데 만약 '법'이 잘못되었다면 어떻게 될까요? 심지어 법에 치명적 오류가 있다면? 악법도 법이니까 그냥 지켜야 할까요? 진정한 준법정신이란 올바른 법을 전제로 합니다. 그리고 올바른 법은 국민들의 기본적인 권리, 기본권을 보장하는 헌법에 기초해야 합니다. 이처럼 헌법은 국가의 기본원칙, 기본질서라고 할 수 있습니다. 즉 한 나라의 뼈대를 이루는 법이 바로 헌법이죠. 그래서 헌법은 그 나라의 법 중에서 가장 높은 효력을 갖습니다. 대한민국 헌법 10조에는 "모든 국민은 인간으로서의 존엄과 가치를 가지며, 행복을 추구할 권리를 가진다."고 적혀 있죠. 이러한 점에서 본다면 우리나라 헌법은 인간다운 삶을 위한 최소한의 것을 보장해주고, 헌법에 위배된 잘못된 법에 대해 심판을 해야 할 것입니다. 그래서 첫 번째 장에서는 먼저 법 위의 법, 헌법의 역사와 관련 정의를 살펴보며, 대체 헌법은 어떤 법인지에 관해 알아보려고 합니다. 또 우리나라 외의 다른 나라의 헌법 이야기도 함께 들여다보는 동안 헌법을 바로 볼 수 있는 기회가 되었으면 합니다.

1장

헌법
바로보기

알쏭달쏭,
헌법이 궁금해?

여러분에게도 코로나19 팬데믹은 분명 대단히 충격적인 경험이었을 것입니다. 지금은 온라인 수업도 어느덧 꽤 익숙해졌겠지만, 처음 온라인 개학과 온라인 수업을 맞이했을 때는 분명 무척 당황했을 것입니다. 매일 학교에 가고, 친구와 얼굴을 맞대고 장난도 치고, 교실에서 다 함께 받는 수업에 훨씬 익숙했을 테니까요. 하지만 이런 변화는 학교에만 찾아온 것이 아닙니다.

느닷없이 찾아온 코로나19 팬데믹 상황에서 국가는 사적 모임 인원수를 제한한다거나, 식당이나 카페 등의 영업시간을 제한했고, 방역패스를 의무화하는 등 사회 전반에서 국민의 권리와 자유 등을 일부 제한하거나 과거에 없던 의무를 강제로 부과하기도 했습니다. 여러분도 학원이나 PC방 등에서 반드시 마스크를 쓰고 있어야 하거나, 서로 거리를 멀찍이 띄워서 앉고, 또 예전처럼 실내에서 군것질을 자유롭게 할 수 없는 등의 제약을 겪었을 것입니다.

그런데 이런 제약들에 대해 헌법은 어떻게 해석할지 혹시 생각해본 적이 있나요? 또 이런 국가의 조치는 어떠한 근거에서 이루어진 것일지에 관해 생각해보았는지도 궁금합니다. 과연 국가가 개인의 행위를 제약하는 것이 헌법상 정당한 조치일까요? 이를 제대로 판단할 수 있으려면 우리는 법치주의, 입헌주의, 민주주의의 의미부터 이해해야 합니다. 어쩌면 여러분 중에는 민주주의라는 말은 익숙해도 법치주의, 입헌주의라는 말은 다소 낯설지도 모릅니다. 헌법은 국가의 최고법으로서 국민의 기본권과 국가의 통치구조를 규율합니다. 그래서 이러한 헌법의 의미와 기능을 제대로 이해하기 위해 먼저 법치주의, 입헌주의, 민주주의가 나오게 된 배경부터 살펴보려고 합니다. 비슷한 말들 같지만, 조금씩 다른 의미를 지니고 있죠. 그럼 지금부터 하나씩 살펴볼까요?

법치주의,
"왕도 뭐든 맘대로 하면 안 되지!"

먼저 법치주의는 쉽게 말해 법에 의해 나라를 다스리는 것을 말합니다. 공포되고 명확하게 규정된 법에 의해서 국가권력을 제한 · 통제함으로써 자의적인 지배를 배격하는 것을 핵심으로 하죠. 그렇다면 자의적인 지배란 무슨 뜻일까요? 쉽게 말해 특정인 마음대로 할 수 있다는 뜻입니다. 태양왕이라는 별명으로도 유명한 프랑스의 루이 14세 왕은 "짐이 곧 국가다!"라고 말을 했다고 알려져 있죠. 이 말에서 짐작할 수 있듯이 왕이 하는 말은 절대적이며, 그에 따라 국가가 다스려졌던 시절입니다. 법치주의는 그 반대입니다. 왕이 뭐든 마음대로 하는 것이 아닌 법에 따라 나라를 다스리는 거죠. 법치주의는 국민들의 자유와 권리를 최대한 보장하는 것을 추구하기 때문에 국민의 자유와 권리를 제한하거나 국민에게 새로운 의무를 부과하려 할 때에는 반드시 국민의 대표기관인 의회가 제정한 법률로써 하고 있습니다. 우리나라 헌법 제 37조 제2항에서도 이러한 점을 명시하고 있습니다.

제37조

② 국민의 모든 자유와 권리는 국가안전보장 · 질서유지 또는 공공복리를 위하여 필요한 경우에 한하여 법률로써 제한할 수 있으며, 제한하는 경우에도 자유와 권리의 본질적인 내용을 침해할 수 없다.

흔히 사람들은 "법대로 해!"라고 말합니다. 이 말에는 법의 공정성을 신뢰하는 의미도 담겨 있다고 할 수 있습니다. 그런데 단순히 법에 의거해 통치하는 법치주의 국가라는 것만으로는 국민들의 실질적인 권리를 보장하기 힘듭니다. 독일의 나치는 1935년 뉘른베르크법을 만들었습니다. 이 법을 통해 독일 내 유대인의 국적을

자크 루이 다비드의 《소크라테스의 죽음》

"악법도 법이다"는 소크라테스의 말이 아니다? 오랫동안 이 말은 고대 그리스의 철학자 소크라테스가 했다고 알려졌지만, 이는 사실 일본 학자에 의해 와전된 것이다. 그럼에도 불구하고 오랫동안 교과서에 준법정신의 예로 실렸다. 그렇기에 2004년 헌법재판소에서는 이를 수정하라는 지적을 하기도 했다.

박탈하고, 유대인은 공무원이 될 수 없도록 하며, 독일인과의 혼인은 물론 성관계까지 금지했습니다. 이렇듯 법률이 개인의 권익보호를 위한 장치가 아니라 개인을 억압하기 위한 수단으로 악용되는 것을 형식적 법치주의라고 합니다. "악법도 법"이라며 묻지도 따지지도 말고 무조건 지킬 것을 강요하는 것은 형식적 법치주의인 거죠. 법은 개인의 자유와 사회의 평등을 보장하며 무엇보다 정의로워야 합니다. 특히나 오늘날 법은 사회적 약자들의 생존과 복지를 보장해 나가고 있습니다. 이를 실질적 법치주의라고 합니다.

입헌주의,
"법률의 통일성을 만든 헌법에 따르다!"

두 번째로 살펴볼 것이 입헌주의입니다. 입헌주의는 국민의 기본적 인권, 즉 기본권을 보장하기 위하여 국가의 통치 및 공동체의 모든 생활이 헌법(憲法, Constitution)에 따라서 영위되어야 한다는 원리입니다. 헌법은 국가의 기본원칙, 기본질서라고 할 수 있습니다. 즉 한 국가의 뼈대를 이루는 법이 바로 헌법이죠. 그래서 헌법은 한 나라의 법 중에서 가장 높은 효력을 갖습니다. 이를 헌법의 최고규범성이라고 하죠. 헌법은 법 위의 법이라고 표현할 수 있을 만큼 국가의 모든 법 중에서 최상위에 존재합니다. 그래서 헌법은 다른 법을 심판하기도 합니다. 만약 어떠한 법이 헌법에 위배된다면 효력을 잃게 되고, 더 이상 적용될 수 없습니다. 따라서 법률은 헌법이 표방하는 이념과 가치에 부합되어야 합니다. 즉 법률은 무작위로 만들어지는 것이 아니라 헌법이라는 큰 테두리 안에서만 만들어지고 또 존재할 수 있는 것입니다.

그렇다면 모든 나라의 헌법이 국민의 기본권을 보호하는 울타리가 되어줄까요? 그건 아닙니다. 독재 국가의 헌법은 독재를 합리화하며 더욱 강력한 통치력을 발휘하게 하는 수단이 되기도 하니까요. 예컨대 뒤에서도 이야기할 기회가 있겠지만, 남미의 칠레라는 나라는 군부독재 시절에 '피노체트 헌법'을 제정했는데, 이 헌법은 수십 년간 공권력의 남용과 가혹하다 싶을 만큼의 인권침해뿐만 아니라 사회 불평등과 부조리를 일으킨 뿌리로 지목되어 왔습니다. 결국 억눌려온 칠레 국민들의 인내심이 폭발하며, 40년 만에 국민투표로 헌법을 바꾸기로 했죠. 앞으로 칠레 시민들이 참여해 새로운 헌법을 만들어갈 것이라고 합니다.

▌ 민주주의,
▌ "헌법이 민주주의 원리에 근거하는가?"

법치주의 입헌주의만으로 국민의 기본권을 제대로 보장할 수 없다면 무엇이 더 충족되어야 할까요? 진정으로 국민의 기본권이 보장되려면 법치주의, 입헌주의와 함께 **민주주의**(民主主義, democracy) 국가가 되어야 합니다. 민주주의는 "국가의 주권이 국민에게 있고 국민이 권력을 가지고 그 권력을 스스로 행사하는 정치 원리"입니다. 한마디로 왕 한 명이 아닌 온 국민들이 함께 나라를 운영하는 정치체계인 것입니다. 이를 위해서 민주주의 국가는 국민의 기본적 인권, 기본권을 존중하며 국가권력을 소수가 독점하지 않도록 여러 중요한 견제 장치를 마련해야 하고, 헌법에 반드시 이러한 내용들이 담겨야 합니다. 그럼 민주주의 국가의 헌법에 대해 조금 더 알아볼까요?

먼저 민주주의 국가에서 헌법이 어떻게 국민의 기본권을 보장하는지 살펴보겠습니다. 만약 내가 거리를 걷고 있는데, 갑자기

누군가 내게 무작정 달려들어 이유 없이 마구 때린다면 어떻게 될까요? 또 누군가 나를 납치하여 감금하거나, 죽이겠다고 협박한다고 가정해볼까요? 군이 법을 잘 몰라도 이는 상식적으로 판단해서 엄청난 범죄행위고, 아마 주변에서 누구라도 이런 모습을 발견한다면 당장 경찰에 신고하겠죠. 하지만 헌법과 형법에 의하여 신체의 자유를 보호하도록 규정하지 않는다면 이러한 범죄에 노출되어도 보호받지 못할 것입니다. 또 개인의 범죄행위뿐만 아니라 국가가 지향하는 이념적 방향성이 다르다는 이유로 마음대로 국민들을 잡아가거나 자유를 구속해도 이를 막을 수 없겠죠. 이처럼 우리가 평소 일일이 의식하지 못할 뿐, 우리의 자유로운 삶은 헌법과 법률의 복잡하고 거대한 울타리 안에서 보호받고 있는 셈입니다. 마치 우리가 매 순간 숨을 쉬면서도 공기의 존재나 소중함을 인식하지 않은 채 살아가는 것처럼 말이죠.

다음으로 헌법을 통해 민주주의 국가에서 국가권력을 소수가 독점하지 않도록 여러 중요한 견제 장치가 만들어집니다. 헌법은 국가권력을 행정부, 국회, 법원 이렇게 3가지로 나누고 각 헌법 기관에 대한 역할과 한계를 규정하고 있습니다. 여기서 한계라는 말이 매우 중요합니다. 즉 정해진 조직과 역할 안에서만 권력을 행사함으로써 그것을 초월해 권력을 함부로 휘두르지 못하도록 제어하는 것입니다. 또 헌법기관들이 서로를 견제할 수 있도록 하고 있습니다. 민주주의 국가에서 이러한 국가의 기본법은 누군가에 의해 일방적으로 정해지는 것이 아니라, 국민적 합의를 바탕으로 논리적으로 정립되어야 합니다. 민주주의 국가에서 헌법은 국가라는 공동체 안에서 국민이라면 누구나 자유와 평등 같은 기본적 권리를 누리도록 보호하는 울타리와도 같습니다.

헌법,
역사와 함께 진화하다

헌법의 특성은 앞서 언급한 최고규범성만 있는 것은 아닙니다. 헌법의 또 다른 주요 특성이 바로 역사성입니다. 즉 헌법은 고정불변한 것이 아니며 역사성을 갖고 변화한다는 뜻입니다.

조금 전 남미의 칠레의 '피노체트 헌법'이 40년 만에 국민투표로 헌법이 바뀌게 되었다고 이야기했죠. 우리나라 헌법 역시 1948년 제헌헌법 이후 1987년 헌법까지 9번이 바뀌었습니다. 이에 따라 정부 형태도 대통령제에서 의원내각제로 바뀌었다가 다시 대통령제로 바뀌었죠. 박정희 정권 때인 1962년에 5차 개헌이 이루어졌습니다. 이때 도입된 6호 헌법에서 제헌헌법 당시에 있었던 '노동자의 이익분배균점권'이 삭제되기도 했습니다. 이는 영리를 목적으로 하는 사기업에서 노동자는 법률이 정하는 바에 의하여 이익의 분배를 받을 수 있는 권리가 있다는 내용입니다. 즉 노동자들에게 월급만 주는 게 아니라 기업의 이윤 중 일부를 떼주라는 것이죠. 이전 헌법에는 "근로자의 단결, 단체교섭과 단체행동의 자유는 법률의 범위 내에서 보장된다."고 규정하고, "영리를 목적으로 하는 사기업에 있어서는 근로자는 법률의 정하는 바에 의하여 이익의 분배에 균점할 권리가 있다."고 규정하여 노동자가 기업의 수익 중 일정 비율을 요구할 수 있도록 보장하고 있었습니다. 하지만 5차 개헌에서 노동3권을 근로조건의 향상이라는 범위로 제한시켰을 뿐만 아니라 '노동자의 이익분배균점권' 조항은 아예 삭제함으로써 기업의 수익분배에서 노동자를 배제시켰고 노동자의 권리도 대폭 축소시켰습니다. 다시 '노동자의 이익분배균점권' 조항을 회복해야 한다는 의견도 꾸준히 제기되고 있지만, 쉬운 일은 아닙니다. 그런가 하면 1980년 헌법에서는 행복추구권, 사생활의 비밀과 자유, 환경권 등이 신설되기도 했습니다.

이처럼 헌법은 태초에 내용이 정해졌다거나, 한번 정해지면 절대 바뀔 수 없는 고정된 것이 아닙니다. 때론 권력 강화 수단으로 개헌이 악용되기도 했지만, 국민의 간절한 소망, 의식 수준과 사회정의에 대한 가치판단의 변화에 따라서도 역사적으로 끊임없이 진화해 왔습니다. 다만 실질적 법치주의 국가라도 해도 악법을 무작정 없앨 수 있는 것은 아닙니다. 아무리 악법일지라도 없애는 과정은 반드시 정해진 절차에 따라야 한다는 뜻입니다. 헌법도 정해진 절차에 따라서 헌법의 조항을 수정, 삭제하거나 새로운 조항을 추가하기도 합니다. 그러한 것들을 가리켜 개헌이라고 합니다. 아직은 헌법이 어렵고 딱딱하게만 느껴지시죠? 지금부터 헌법의 다양한 모습을 만나고, 차근차근 알아가는 동안 친밀해지는 시간을 가져봅시다.

헌법의 역사는
세계 민주주의의 역사다?

　　　　　　대한민국 국민으로 태어난 여러분에게
나라의 주권이 국민에게 있는 민주주의 국가는 마치 태초의 국가 형
태인 양 당연하고 익숙할 것입니다. 그런데 민주주의 국가의 확립
은 사실 생각보다 그렇게 오래지 않습니다. 중세시대만 해도 왕이
절대적 권력을 가지고 있었고, 이후에도 상당 기간 소수 특권층에게
거의 모든 권리가 독점되다시피 했습니다. 국민이 국가의 주인이
라는 생각도 전혀 일반적이지 않았죠. 그러다가 근대에 들어서면서
오랜 시간 왕과 소수의 귀족이나 특수 계층이 독점하다시피 해온 권
력과 특혜에 대한 시민들의 항거와 도전이 본격화됩니다.

　처음에는 왕의 무소불위 권력을 귀족들이 견제하려는 데서 시작
해서 점점 더 특권층이 아닌 모든 국민이 나라의 주체가 되는 민주

국가가 등장하게 됩니다. 이 과정에서 각국은 헌법을 만들어 국민 개개인의 자유와 권리를 최대한 보장하는 한편, 권력분립에 의하여 권력이 어느 한쪽으로만 쏠리지 않도록 국가권력의 균형을 꾀하고 권력남용을 억제해왔습니다. 이렇게 볼 때, 입헌주의는 민주주의 국가 탄생에 중요한 분기점이라고도 할 수 있겠군요. 이제부터 세계사적으로 의미 있는 헌법사 몇 가지를 살펴보려 합니다.

▌왕의 권리를 제한하고
▌국민의 자유권을 보장한 영국

영국은 세계사 최초로 의회민주주의와 자본주의 시장경제, 산업혁명을 꽃피운 나라로 알려진 나라입니다. 또한 세계사에서 입헌주의의 시작은 영국에서 1215년 제정된 대헌장(마그나 카르타, Magna Carta)을 듭니다. 이는 존 왕이 귀족들의 강요에 의하여 서명한 문서로, 국왕이 마음대로 권리를 남용할 수 없도록 국왕의 권리를 문서로 명시하면서 제한한 것입니다. 대헌장은 비록 군대를 앞세워 쳐들어온 귀족들이 왕의 권위를 제한하는 대신 자신들의 이익을 늘리려고 이루어진 것이기는 합니다. 하지만 결과적으로 이를 통해 왕이라고 세금을 함부로 부과할 수 없게 되었고, 반드시 국민의 동의를 구해야 하는 등 왕권을 제한하고 일부나마 국민의 자유권을 보장했다는 점에서 역사적 의의가 있습니다. 대헌

마그나 카르타. 1215년 영국의 존왕이 귀족들의 강압에 승인한 일종의 계약서다. '대헌장'으로 번역되며, 왕의 절대권력을 제어하고 영국에 입헌 민주주의를 정착시켰다는 평가를 받는다.

#마그나_카르타_#무소불위_#왕의_#권력을_#제한하다

장은 60여 개의 항목으로 이루어져 있지만, 그중 주요 내용을 정리하면 다음과 같습니다.

> 첫째, 국왕은 귀족과 교회의 권력을 침해할 수 없다.
>
> 둘째, 국왕은 세금징수 시 반드시 귀족이 참여한 '대의회'를 소집해야 하며, 귀족과 국민의 동의를 구해야 한다.
>
> 셋째, 자유민은 합법적인 재판이나 국법에 의하지 않고는 체포 또는 구금, 추방, 재산 몰수, 공권박탈 등 어떠한 방법으로도 자유권을 침해당하지 않는다.

대헌장은 영국 의회민주주의의 첫 단추를 끼운 역사적 사건으로 평가받습니다. 이후 영국에서는 1688년 명예혁명(名譽革命, Glorious Revolution)을 통해 대헌장에서 한 걸음 더 나아간 권리장전[1]이 만들어집니다. 명예혁명이란 "피 한 방울 흘리지 않고 명예롭게 이루어졌다."고 해서 붙여진 이름입니다. 앞서 대헌장과 유사하게 영국의 국왕 제임스 2세의 전제정치에 귀족들이 저항하여 '권리장전'을 통해 왕권을 제한하고, 의회 중심의 입헌 정치를 확립하였습니다. 이후 영국의 그 어떠한 왕조도 의회를 무시한 채 절대권력을 행사할

....

1. 1689년 12월에 제정된 영국 헌정사상 중요한 의회제정법. 1689년 12월 제정되었다. 다른 권리장전과 구별하여 영국권리장전(English Bill of Rights)이라고 불린다. 권리청원(權利請願)이 영국의 청교도혁명과 관련된 인권선언이라면 권리장전은 명예혁명의 결과로 이루어진 인권선언이라고 할 수 있다.

수 없게 되었습니다. 즉 국왕은 의회의 동의 없이 법률을 제정하거나 금전의 징수 및 상비군의 유지 등을 할 수 없게 되었죠. 총 13조의 권리장전 조항에는 선거 및 언론의 자유, 잔인한 형벌의 금지, 의회를 자주 소집할 것 등도 함께 규정되어 있었습니다. 그리고 1925년이 되어, 마침내 영국은 귀족과 평민이 모두 참여하는 의회가 최초로 출범하게 되었죠.

현재 영국의 의회는 선출직인 하원(House of Commons)과 세습되거나 하원의 동의를 받아 군주에게 임명된 상원(House of Lords)으로 나뉘는데, 오늘날 영국 의회에서 입법의 중심세력으로 가장 강력한 권한을 행사하는 것은 650인의 하원입니다. 상원은 하원이 통과시킨 법안을 검토하고 수정하지만, 법안의 통과를 막는 것은 아니고 법안을 지연시키거나 하원이 자신의 결정을 다시 생각해보도록 할 뿐입니다.

역사상 최초의
문서화된 헌법을 제정한 미국

앞서 살펴본 것처럼 영국을 빼고 입헌주의 역사를 논할 순 없지만, 최초로 성문화 헌법을 만든 나라는 미국입니다. 성문화된 헌법은 불문헌법의 상대개념으로 헌법의 가치와 규정력을 명문화한 법 조항을 갖추고 있는 것이 특징이죠. 오늘날에는 영국이나 이스라엘

등을 제외한 대부분의 나라들이 성문헌법을 가지고 있고, 이는 우리나라도 마찬가지입니다. 제헌절은 1948년 7월 17일에 우리나라 최고(最高) 성문법인 헌법이 제정되어 공포를 기념하는 날이죠.

역사상 최초로 문서화된 헌법은 1781년 미국에서 제정된 연합규약(Articles of confederation)입니다. 이는 이후 미합중국 연합정부 헌법의 전신이기도 합니다. 미국연합규약은 1777년 미국 대륙회의에서 결정하고 1781년 효력이 발생했죠. 탄생 배경은 대영제국을 상대로 미국의 13개 식민지가 벌인 독립전쟁(1775~1783년)입니다. 먼저 1776년에 13개주 대표들은 제2차 대륙회의에서 천부 인권, 주권재민 등 민주주의 원리가 담긴 독립선언문[2]을 만장일치로 채택했죠. 이후 13개 주정부는 한발 더 나아가 통합의 필요성을 절감하며 연합규약을 마련하고 주정부가 연합한 국가체제를 만들게 됩니다. 다만 강력한 중앙집권제가 아닌 분권형 체제였는데, 이는 중앙집권제를 전제왕권과 동일시했기 때문입니다. 즉 권력이 중앙정부에 집중되면 독재와 인권침해가 나타나는 근본 원인이 될 수 있다고 여겼던 거죠. 다시 말해 영국 같은 강대국에 더 이상 휘둘리지 않으려면 절대 깨질 수 없는 국가연합, 즉 하나의 나라로 힘을 합쳐야 한다는 생각에 동의하는 한편, 중앙정부인 연합회의의 권한을 외교와 국방 등으로 한정하고, 각 주의 주권을 강조했던 것입니다. 분권형 체제를 통해 주정부에게 골고루 권력을 분산

....

2. 민주주의와 자유에 대한 정치철학, 영국의 조지 3세가 미국의 자유를 전복시켰다는 불만, 독립과 독립정책에 대한 지지 등 크게 세 부분으로 이루어진 선언문이다.

함으로써 어느 한쪽에 권력이 치우치지 않게 힘의 균형을 이루고자 했죠. 즉 각 주의 주권과 자유, 독립을 보장하면서 각 주의 대표로 구성된 연합회의 결성을 규약에 명시한 것입니다. 비록 유럽 열강에 맞서기 위해 서로 힘을 합치기는 했지만, 그래도 가장 중요한 것은 각 주의 독립된 주권이었습니다.

1786년에 파리조약으로 영국이 드디어 미국의 독립을 승인하자, 각 주는 곧바로 자신들의 이득 챙기기에 몰두했습니다. 이는 또다시 분열로 이어졌죠. 특히 독립전쟁에 들어간 막대한 비용을 갚아야 하는데, 각 주마다 자신의 이익만 추구하고 책임을 회피하는 바람에 전쟁빚을 갚기가 어려웠습니다. 주정부 간의 이해관계를 조정하고 하나의 국가로서 공동체의 틀을 마련할 장치가 마련되지 않아서 국가 전체적으로 세금을 부과하거나, 지역 간 교역을 관리할 중앙부서가 없다는 점이 문제였습니다. 분열로 인한 대혼란을 겪으며, 드디어 각 주의 대표들은 연합의 법을 집행할 중앙 행정부의 필요성에 통감하게 됩니다.

이러한 혼란과 문제를 해결하기 위해서 정치지도자들이 1787년 필라델피아에 모였습니다. 그리고 이들은 새로운 연방헌법(Federal constitution)을 만들었죠. 이 연방헌법을 통해 국방이나 외교 등을 총괄하는 '연방정부'를 세웠습니다. 다만 연방정부가 권력을 독점하거나 마음대로 횡포를 부릴 수 없도록 입법 · 사법 · 행정을 각각 분리시켰습니다. 이것이 바로 우리나라에서도 채택하고 있는 삼권분립입니다. 몽테스키외는 "권력은 분리되어야 견제할 수 있

13개 대표가 독립선언문 초안에 서명하는 모습
미국 국회의사당에 전시된 그림이기도 하며, 미국 지폐 도안으로도 쓰인다. 제2차 대륙회의에서 만장일치로 독립선언문이 채택되었다.

고, 남용되지 않는다."라고 얘기하기도 했습니다. 다만 이 상태로는 연방정부로부터 개인의 인권을 보장할 장치가 부족하다는 점이 지적되었습니다. 이를 보완하고자 개인의 권리를 보장하는 권리장전(Bill of rights)을 헌법에 추가한다는 조건부로 1791년에 10개 조항의 수정헌법을 통과했습니다.[3]

연방헌법의 뿌리가 된 독립선언문은 미국을 넘어, 프랑스 혁명을 비롯하여 세계의 수많은 나라들이 입헌주의를 확립하는 데 지

....
3. 장호순, 《미국헌법과 인권의 역사》, 개마고원, 2016, 26-29쪽.

대한 영향을 미쳤습니다. 독립선언문의 마지막 문구를 소개하면 다음과 같습니다.

> 우리는 권리에 의거하고 자유롭고 독립된 국가이다. 이 국가는 영국의 왕권에 대한 모든 충성의 의무를 벗으며, 대영제국과의 모든 정치적 관계는 완전히 해소되어야 한다. 따라서 이 국가는 자유롭고 독립된 국가로서 전쟁을 개시하고 평화를 체결하고 동맹관계를 협정하는 바이다. 또한 통상관계를 수립하여 독립 국가가 당연히 해야 할 모든 행동과 사무를 할 수 있는 완전한 권리를 갖고 있는 바이다. 우리들은 이에 우리의 생명과 재산과 신성한 명예를 걸고 신의 가호를 굳게 믿으면서 이 선언을 지지할 것을 서로 굳게 맹세하는 바이다.

▍국민에 국민을 위한
▍새로운 나라를 만들려 한 프랑스 시민의 힘

끝으로 프랑스 헌법을 살펴보겠습니다. 프랑스는 1789년 혁명을 통해 절대왕정이 지배하던 구체제(Ancien Régime, 앙시앵 레짐)로부터 비로소 벗어났습니다. 구체제 하에서는 전체 인구의 2% 정도에 불과한 소수의 제1계급인 성직자와 제2계급인 귀족이 전체 토지의 40%를 차지하고 있었죠. 그뿐만 아니라 이 소수의 특권층이 세금 면제를 포함하여 온갖 혜택을 누리는 등 주요 권력과 부와 명예 등을 독점하다시피 해왔습니다. 반면 인구의 약 98%를 차지하던 제3계급(평민)은 혜택은커녕 어려운 살림살이에 무거운 세금까지 부담하며 힘겨운 삶을 살아야 했죠.

18세기 들어 7년 전쟁 등 여러 차례 전쟁에 참여하는 동안 프랑스의 왕실 재정은 크게 열악해졌고, 엎친 데 덮친 격으로 1789년에는 엄청난 흉작까지 발생하고 말았습니다. 안 그래도 팍팍한 살림살이에 흉작까지 겹치자 서민들은 먹고 살길마저 막막해졌습니다. 이와 관련한 유명한 일화가 전해지죠. 당시 프랑스의 왕비였던 마리 앙투아네트는 마차를 타고 산책하던 중 백성들의 생기 없고 어두운 표정에 이유를 물었다고 합니다. 신하가 "제대로 먹지 못해 그렇다."고 답하자, "빵이 없으면 과자를 먹으면 되지."라는 말을 했다고 전해지는데, 사실 이 말을 앙투아네트가 했을 가능성은 낮고, 사치스러운 왕비를 비난하기 위해 만들어진 말일 개연성이 높다고 합니다.[4]

그럼에도 요즘으로 치면 이런 가짜뉴스가 폭풍처럼 퍼져나가, 수백 년이 흐른 지금까지 전해진다는 것은 당시 왕족을 포함한 특권층들의 삶과 서민들의 삶 간에 얼마나 큰 괴리감이 존재했고, 서민들의 고단한 삶에 특권층이 얼마나 무심했는지도 짐작할 수 있죠. 서민들의 누적된 상대적 박탈감도 엄청났을 것입니다. 아무튼 엄청난 기근 속에 빵값마저 폭등해서 끼니도 제대로 때울 수 없는

....
4. 최재천, 〈"빵이 없으면 과자를", 마리 앙투아네트는 억울하다〉, 《뉴스렙》, 2010.10.4.

상황임에도 서민들은 세금 부담까지 오롯이 짊어져야 했습니다. 이것은 결국 1789년의 프랑스 대혁명으로 이어졌습니다.

물론 프랑스 대혁명 전까지 왕실에서 개혁의 노력이 전혀 없었던 건 아닙니다. 루이16세는 시민들의 불만을 잠재우기 위해 재정 개혁을 시도하려고 했죠. 1787년 2월 144인의 귀족과 성직자로만 구성된 '명사회'가 소집되어 대책을 논의한 것입니다. 이 자리에서 당시 재무부 장관 샤를 알렉상드르 드 칼론은 국가 재정을 위해 인지세와 토지세 인상 등 세제 개혁을 제안했는데, 특히 성직자와 귀족 등 특권계급에게도 세금을 걷자고 제안했죠. 하지만 명사회 참가자는 면세 혜택을 받는 특권층이었던 만큼 절대 대다수가 개혁안에 반대하며 삼부회 소집을 요구했습니다. 그리고 1789년 5월, 175년 만에 베르사이유 궁전에서 삼부회가 열렸습니다. 삼부회란 성직자와 귀족 등의 특권층뿐만 아니라, 평민까지 3계급이 모두 참여하는 회의였습니다. 성직자 290명, 귀족 270명, 평민 585명의 대표가 참석했는데 귀족과 성직자 대표는 신분별 표결 방식을 지지한 반면에, 평민 대표는 머릿수 표결 방식을 지지했죠.

평민 대표들은 머릿수 표결 방식이 채택되지 않자, 국민의 98%를 대표하는 것은 자신들이라는 주장과 함께 6월 17일에 평민 대표끼리 별도로 국민의회를 결성했습니다. 국민의회는 앞으로 그 어떠한 세금도 자신들의 동의 없이는 징수할 수 없다고 선언했습니다. 이에 왕은 국민의회의 해산을 명령한 후 회의장을 폐쇄해 버렸죠. 하지만 국민의회는 이에 굴하지 않고 테니스 코트로 이동

'프랑스 혁명'을 묘사한 작품 〈민중을 이끄는 자유의 여신〉
프랑스의 역사를 고스란히 담아낸 들라크루아의 역사화이다. 프랑스의 왕정복고를 반대한
프랑스 시민들이 3일에 걸쳐 부르봉 왕가를 무너뜨리고 루이 필리프를 국왕으로 세운 프랑
스 7월 혁명을 배경으로 하고 있다.

하여 헌법이 제정될 때까지는 국민의회를 해산하지 않는다고 선
언하고, 이에 대해 서약문을 작성하였습니다. 이것이 바로 역사적
인 테니스코트의 서약(Serment du Jeu de Paume)입니다. 급기야 왕
정을 옹호하는 왕당파가 헌법을 제정하려는 국민의회에 대한 무
력 탄압을 시도하려는 소식이 전해지자 7월 14일 분노한 파리 민
중들이 거리로 쏟아져 나왔죠. 오랜 시간 억눌러온 분노가 폭발한
민중들이 혁명에 필요한 무기를 탈취하기 위하여 바스티유 감옥
을 습격하면서 혁명이 본격적으로 시작되었습니다.

8월 4일. 국민의회는 봉건제 폐지를 선언하며 영주제와 농노제

폐지, 개인적 예속의 폐지, 소득에 비례한 세금납부 등의 내용을 발표했습니다. 그리고 8월 26일에는 역사적인 인권선언을 발표했죠. 이 인권선언에는 주권재민, 사상의 자유, 법 앞의 평등, 재산, 투표, 과세의 평등, 소유권의 신성 등 기존과 전혀 다른 새로운 사회질서의 원칙을 제시하고 있습니다.

드디어 1791년 9월 3일에는 제한 선거와 입헌군주제를 골자로 한 프랑스의 새로운 헌법이 공포됩니다. 이 헌법을 바탕으로 그해 10월에 첫 번째 선거가 실시되었는데, 선거 결과 절대군주제가 폐지되었고, 의회주의와 헌법체계하에서 선임된 입헌군주제가 채택되었습니다. 그리고 새로운 의회인 입법의회가 구성되었습니다.

프랑스의 헌법이 탄생하는 과정은 절대왕정의 구속에서 벗어나 국민의, 국민에 의한, 국민을 위한 민주정부를 만들어가는 과정과 다르지 않았습니다. 이 과정에서 수많은 사람들이 목숨을 잃기도 했죠. 역사는 이들의 숭고한 희생을 여전히 기리고 있습니다.

우리나라의 헌법은
어떻게 발전되어왔나?

근대 이전인 조선시대(1392~1910)까지 우리나라도 왕이 절대권력을 가진 통치자로 오랜 세월 군림했죠. 또 전제군주제에서 곧바로 민주공화국으로 변모한 건 아닙니다. 민주공화국 이전에 구한말 입헌군주제로 바뀌었죠.

근대부터 해방까지,
왕의 절대권력을 내려놓게 하다

전제군주제란 군주, 즉 왕이 국가의 모든 통치권을 장악하고 권력을 행사하는 나라입니다. 군주제 안에서도 다양한 국가기관들이 존재하기는 하지만, 엄밀히 말하자면 왕의 권력 집행이 효율적으로 이루어지도록 돕는 기관에 불과하죠. 그러다가 개화기에 접어들면서 서양 문물의 영향을 받으면서 기존 봉건적 사회질서를 타파하고 새로운 질서를 세우려는 움직임이 나타납니다. 그 일환으로 근대적 입헌군주제가 도입된 거죠. 입헌군주제란 기존처럼 오직 혈통에 의해 세습된 왕에게 부여된 절대적 권위에 기반하여 국가를 운영하는 것이 아니라 왕의 권위나 권한행사 모두 헌법의 테두리 안에서만 인정하고 행사할 수 있게 제한한 것입니다. 앞선 해외 사례에서 살펴본 것처럼 왕이 마음대로 권력을 행사할 수 없도록 헌법을 통해 권력을 제한한 거죠.

혹시 수업시간에 홍범 14조에 관해 들어본 적이 있을지 모릅니다. 1895년 만들어진 홍범 14조는 우리나라 최초의 근대적 헌법이기도 합니다. 1894년 보수 세력을 몰아내고 갑오개혁을 단행한 개화파는 1895년에 개혁을 제도화하기 위해 개혁정신을 명문화한 '홍범 14조'를 선포했습니다. 비록 일본 공사의 권고에 의해 비롯된 것이기는 하지만, 당시 개혁을 열망하던 관료들의 개혁의지도 함께 반영되어 있습니다. 내용을 간략히 들여다보면 근대적인 내각 제도의 도입, 조세 법정주의, 국민의 생명과 재산권에 대한 보호 등에 관한 내용이 담겨 있습니다.

일제강점기에 접어들면서 국권 회복을 위해 각계각층에서 반제국주의 독립운동이 들불처럼 번져갔습니다. 그러다가 1919년 상하이에 대한민국 최초의 임시정부가 수립되었는데, 대한국민의회는 제1조에 대한민국은 민주공화제로 한다는 내용이 포함된 임시헌장 10개 조를 채택했고, 1945년 해방까지 이 임시헌장은 5번의 개헌이 이뤄졌습니다.

현재 우리나라 헌법의 뿌리는 해방 이후인 1948년 7월 17일에 발효된 제헌헌법입니다. 여기에서 대통령제를 선택하고 국무총리 제도를 설치하며 지방자치에 관한 규정을 두었습니다. 다만 이때는 오늘날처럼 국민투표로 대통령을 선출했던 것이 아니라, 국회에서의 간접선거를 통해 대통령을 뽑고, 1차에 한하여 중임을 허용하도록 했습니다.

권력자들의 권력 연장 수단이 되어버린
암울한 개헌의 역사

이 책을 시작하면서 헌법은 법 위의 법인 국가 최고법이라고 칭한다고 했습니다. 민주주의 국가에서 헌법은 정치의 근간이 되므로, 헌법 또한 국민 대다수가 동의하는 사회정의에 부합하는 내용을 담고 있어야 합니다. 그것이 실질적 법치주의라고도 이야기했죠.

하지만 아무리 최고법이라고 해도 헌법이 완전무결한 것은 아니므로, 문제가 드러나면 과감한 수정도 필요합니다. 헌법을 고치는 것이 개헌인데, 대체로 기존 헌법에 문제가 있는 부분을 고치거나 미처 담아내지 못한 국민의 보편적 권익을 보호하기 위해 절차적 정당성에 입각해서 이루어져야 합니다. 하지만 아쉽게도 그러한 방향과는 다소 거리가 있는 암울한 사례도 우리 헌법사에서 찾아볼 수 있습니다.

1950년의 제1차 개헌과 1954년의 2차 개헌은 우리나라 초대 대통령이었던 이승만 대통령 시절에 이뤄졌습니다. 당시 우리나라의 대통령 선거는 현재의 국민투표로 이루어지는 직선제가 아니라 4년에 한 번씩 국회의원들에 의해 대통령을 선출하는 간선제였습니다. 그리고 2번까지는 대통령을 연임할 수 있었죠. 그런데 국회의원 총선 결과 이승만 대통령을 지지하지 않는 의원 수가 더 많아졌습니다. 이에 국회에서의 간접선거로 재선 가능성이 낮다고 판단한 이승만 대통령은 자신의 임기를 연장하기 위해 1차 개헌을 단행합니다. 심지어 여기에서 머물지 않고, 1번의 임기 연장을 넘어 나아가 몇 번이든 계속 자신이 대통령을 할 수 있도록 법을 고친 것이 바로 2차 개헌이었습니다. 이승만 정권은 1948년부터 1960년까지 발췌개헌[5], 사사오입개헌[6] 등을 통해 12년이나 장기 집권했죠. 하지만 국민의 뜻과 멀어진 권력은 외면당할 수밖에 없습니다. 결국 1960년 부정선거로 성난 민심이 폭발하면서 곳곳에서 시위가 이어졌고, 4월 19일 서울, 부산, 광주 등 전국 각지에

....
5. 한국전쟁 중이던 1952년 이승만 대통령이 자유당을 창당한 후에 재선을 위해 직선제로 헌법을 고쳐 강압적으로 통과시킨 개헌안.
6. 이승만 정권 시절 정족수 미달에도 불구하고 '사사오입(반올림)'이라는 터무니없는 논리를 적용해 헌법개정안을 불법으로 통과시킨 사건.

서 쏟아져나온 학생, 시민 등 수십만 명이 자발적으로 시위에 참여하며 독재정권 타도를 외쳤습니다. 그 결과 이승만 대통령은 하야하게 됩니다.

또 우리 헌법사에서 빼놓을 수 없는 것이 바로 유신헌법입니다. 유신체제[7]하였던 1972년 10월 17일에 선포되어, 같은 해 11월 21일 국민투표로 확정된 헌법이죠. 명목상으로는 "조국의 평화적 통일을 지향하고, 민주주의를 토착화하며, 실질적인 경제적 평등을 이루기 위한 자유경제질서의 확립과 자유와 평화 수호의 재확인"이라며 짐짓 거창하게 포장되었습니다. 하지만 법안을 좀 더 자세히 들여다보면 심각한 문제점을 확인할 수 있습니다. 즉 박정희 대통령 정부에 대한 그 어떤 비판도 차단하고, 나아가 영구집권하기 위해 단행된 것이 바로 7차 유신헌법 개정입니다. 특히 유신헌법 53조에는 대통령긴급조치(緊急措置)를 규정하여 대통령이 "헌법상의 국민의 자유와 권리를 잠정적으로 정지"할 수 있는 권한까지 가질 수 있도록 명시했습니다. 구체적인 조문 내용을 살펴보면 다음과 같습니다.

제53조

① 대통령은 천재·지변 또는 중대한 재정·경제상의 위기에 처하거나,
국가의 안전보장 또는 공공의 안녕질서가 중대한 위협을 받거나 받

....
7. 개헌을 통해 대통령에게 강력한 통치권을 부여한 권위주의적 통치제제를 말함. 의회주의와 삼권분립을 원칙으로 하는 현재 우리의 헌정체제와는 다르다.

을 우려가 있어, 신속한 조치를 할 필요가 있다고 판단할 때에는 내정·외교·국방·경제·재정·사법 등 국정 전반에 걸쳐 필요한 긴급조치를 할 수 있다.

'한국적 민주주의'를 표방했지만, 유신헌법은 당시 내외적으로 정권 유지에 어려움을 겪고 있던 박정희 정부의 권력 유지를 도모하기 위해 만들어진 것입니다. 이는 역대 대한민국 헌법 가운데 대통령에게 가장 강력한 권한을 위임한 긴급권이라고 할 수 있죠. 1974년 1월 8일 긴급조치 제1호를 시작으로 총 9차례나 긴급조치를 공포했습니다. 긴급조치 1호의 내용을 잠깐 살펴볼까요?

① 대한민국 헌법을 부정, 반대, 왜곡 또는 비방하는 일체의 행위를 금한다.
② 대한민국 헌법의 개정 또는 폐지를 주장, 발의, 청원하는 일체의 행위를 금한다.
③ 유언비어를 날조, 유포하는 일체의 행위를 금한다.
④ 전 1, 2, 3호에서 금한 행위를 권유, 선동, 선전하거나 방송, 보도, 출판, 기타 방법으로 이를 타인에게 알리는 일체의 언동을 금한다.
⑤ 이 조치에 위반한 자와 이 조치를 비방한 자는 법관의 영장 없이 체포, 구속, 압수, 수색하며 15년 이하의 징역에 처한다. 이 경우에는 15년 이하의 자격정지를 병과할 수 있다.
⑥ 이 조치에 위반한 자와 이 조치를 비방한 자는 비상군법회의에서 심판, 처단한다.

이런 초헌법적으로 행해진 비상조치는 '한국적 민주주의'라는 명분이 무색할 만큼 민주적 헌정체제 자체를 부정하는 것이었습니다. 권력을 앞세워 국민의 기본권을 억압함으로써 장기적인 독재 체제를 구축하기 위한 조치였으니까요. 이에 반발해 당시 학생들을 중심으로 유신 정권 퇴진 구호를 외치며 시위를 주도했고, 여기에 일반 시민들까지 가세하여 대규모 시민항쟁으로 발전하기도 했죠. 하지만 이에 대해 긴급조치가 발동되어 계엄령이 선포됩니다. 급기야 공수부대까지 동원하여 시위를 무자비하게 진압하였고, 시위에 참여한 사람들을 색출해 체포하기도 했습니다. 이는 현재까지도 우리 헌법사의 흑역사로 기록됩니다.

민주주의 시대,
긴급조치 1호의 위헌을 판시하다

긴급조치는 우리나라의 민주주의를 크게 후퇴시켰고, 1979년 10·26 사건으로 박정희 대통령이 사망한 직후 신군부(전두환 정권)의 주도로 1980년 10월 27일 8차 개헌과 함께 폐지되었습니다. 긴급조치 대신 생긴 것이 비상조치인데, 천재지변 또는 중대한 비상 사태에 처했을 때, 국가를 보위하기 위해 급속한 조치가 부득이하게 필요한 경우 대통령이 국정 전반에 걸쳐 비상조치를 할 수 있게 한 거죠(51조 1항). 다만 긴급조치와는 달리 비상조치를 발동하

려면 입법부의 사후 의결을 받아야 했고, 또 사법적 심사의 대상
이 될 수 있었습니다. 그리고 비상조치를 해제할 수 있는 권한을
온전히 국회에 부여한 점에서 차이가 있습니다.

긴급조치는 역사의 뒤안길로 사라졌지만, 긴급조치로 인해 억
울하게 기소당했던 사람들의 고통까지 함께 사라진 것은 아닙니
다. 긴급조치가 발동된 1975년 당시에 중앙정보부에 의해 불순한
반정부 세력으로 조작된 사람들 중에는 대법원에서 사형이 확정
된 뒤 불과 18시간 만에 전격적으로 형이 집행되어 목숨을 잃기도
했으니까요. 긴급조치의 억울한 피해자와 유가족들의 고통은 오
랜 시간 해결되지 못했습니다.

그러다가 2007년 〈진실·화해를 위한 과거사정리위원회〉가 박
정희 정권시절 긴급조치 위반으로 기소된 589개의 사건 판결문
1,412개를 분석하여 '2006년 하반기 조사보고서'를 작성해 국회와
청와대에 제출했습니다. 589건의 재판을 조사한 결과 48%에 이르
는 282건이 그저 술자리에서의 대화나 수업 중에 박정희 정권이
나 유신체제에 대한 비판을 했다가 기소된 것이었습니다. 그리고
32%인 191건은 유신반대, 긴급조치 해제 등에 관한 학생운동 관
련자들 등으로 처벌받은 사람들은 1,140명으로 추청됩니다.[8]

2010년 12월 16일 대법원은 마침내 긴급조치 1호에 대해 헌법
에 위배된다고 판시했습니다. 또한 2013년 3월 21일 헌법재판소

....
8. 민지형·장은지, 〈위헌결정난 긴급조치 1·2·9호는?〉, 《new1》, 2013.3.21.

#대통령긴급조치위반_#헌법소원_#전원일치_#위헌결정

는 긴급조치 1호와 2호, 9호에 대한 헌법소원 심판사건에서 헌법재판관 8인 전원의 의견 일치로 위헌을 결정하였습니다. 먼저 긴급조치 1·2호에 대해 헌법재판소는 다음과 같이 밝혔습니다.

> 정부 비판 일체를 원천 배제한 긴급조치 1·2호는 자유민주주의 기본 질서에 부합하지 않는다 …중략… 국가 형벌권을 자의적으로 해석했고, 참정권과 표현의 자유, 영장주의, 법관에 의해 재판받을 권리 등을 지나치게 제한하고 침해하는 등의 모든 면에서 헌법에 위배된다.[9]

또한 긴급조치 9호에 대해서는 이렇게 말했죠.

> 헌법 개정 권력자인 국민은 당연히 유신헌법의 문제점을 주장하고 청원할 수 있음에도 이를 금지한 9호의 정당성을 인정할 수 없다.[10]

국가긴급권이란 말 그대로 국가가 절체절명의 중대한 위기에 처하였을 때 그 위기의 직접적 원인을 제거하기 위해서 불가피한 경우에 한하여 최소한의 한도 내에서 행사되어야 한다고 보았던 거죠. 그렇지만 긴급조치 제1호의 내용은 유신헌법 등에 대한 논의 자체를 전면 금지함으로써 이른바 유신체제에 대한 국민적 저항을 무조건적으로 탄압하기 위한 것으로써 긴급조치권의 목적상

---

9. 헌재 2013. 3. 21. 2010헌바132 등
10. 헌재 2013. 3. 21. 2010헌바132 등

한계를 벗어났다고 판단한 것입니다. 또한 당시 국가의 중대한 위기 상황 내지 국가적 안위에 직접 영향을 주는 중대한 위협을 받을 만한 우려가 있는 상황도 아니었음에도 긴급조치가 무리하게 발동되었다고도 밝혔습니다. 무엇보다 긴급조치 제1호의 내용은 민주주의의 본질적 요소인 '표현의 자유' 내지 '신체의 자유'와 헌법상 보장된 '청원권' 등을 심각하게 제한하는 것이었죠. 따라서 당시의 긴급조치는 현재의 헌법은 물론, 당시의 유신헌법에 근거해도 위배되는 것이라고 했습니다.

비록 우리 헌법사에는 이러한 부끄럽고 암울한 역사도 있지만, 가뭄 끝에 단비가 내리듯 1987년 6월 민주항쟁을 거친 후, 현행 9차 개정 헌법까지 조금씩 진정한 민주주의 국가로 성장하고 있습니다. 앞서 영국, 미국, 프랑스와 마찬가지로 우리나라도 진정한 민주주의 헌법을 갖기까지는 수많은 사람이 피와 눈물을 흘려야 했습니다. 그러한 큰 희생과 노력이 없었다면 오늘날과 같은 성숙한 사회로 발돋움할 수 없었을지 모릅니다. 미국의 제3대 대통령 토머스 제퍼슨이 "자유의 나무는 때때로 애국자와 압제자의 피로 생기를 되찾는다."고 한 말이 떠오릅니다. 끝으로 우리 헌법의 역사가 담긴 헌법 전문을 소개합니다. 우리나라 헌법의 진정한 의미를 되새겨보는 기회가 되었으면 합니다.

유구한 역사와 전통에 빛나는 우리 대한국민은 3·1운동으로 건립된 대한민국임시정부의 법통과 불의에 항거한 4·19 민주이념을 계승하고,

조국의 민주개혁과 평화적 통일의 사명에 입각하여 정의·인도와 동 포애로써 민족의 단결을 공고히 하고, 모든 사회적 폐습과 불의를 타파 하며, 자율과 조화를 바탕으로 자유민주적 기본질서를 더욱 확고히 하 여 정치·경제·사회·문화의 모든 영역에 있어서 각인의 기회를 균등 히 하고, 능력을 최고도로 발휘하게 하며, 자유와 권리에 따르는 책임과 의무를 완수하게 하여, 안으로는 국민생활의 균등한 향상을 기하고 밖 으로는 항구적인 세계평화와 인류공영에 이바지함으로써 우리들과 우 리들의 자손의 안전과 자유와 행복을 영원히 확보할 것을 다짐하면서 1948년 7월 12일에 제정되고 8차에 걸쳐 개정된 헌법을 이제 국회의 의 결을 거쳐 국민투표에 의하여 개정한다.

04

해외의 헌법은
어떤 가치에 주목하는가?

　　　　　방금 우리는 오늘날 민주주의 헌법으로 성장하기까지 우리나라의 헌법 발전사를 간략하게나마 들여다보았습니다. 그럼 현대의 해외 여러 나라 헌법들도 잠시 살펴볼까요? 앞에서도 얘기한 것처럼 헌법은 나라마다 조금씩 차이가 있고, 저마다 특징을 발견할 수 있습니다. 대체로 국민의 기본권을 보장하기 위한 내용들을 담고 있지만, 앞서 살펴본 우리나라의 유신헌법이나 칠레의 피노체트 헌법처럼 국민의 권리보다는 권력을 합리화하는 근거가 된 사례도 있었죠. 입헌주의가 시작된 역사를 살펴보면서 영국, 미국, 프랑스 등의 사례를 잠깐 언급했는데, 여기에서 해외 몇몇 나라들의 헌법 발전사와 주요 가치들을 살펴보기로 합시다.

삼권분립을 통한 힘의 균형과
개인의 자유와 인권보장을 강조한 미국의 헌법

앞서 미국은 최초의 성문화된 헌법을 제정했다고 했습니다. 1787년 연방헌법(Federal constitution)을 만들었고, 개인의 권리를 보장하는 내용을 추가하여 1791년에 10개 조항의 수정헌법이 제정되었습니다. 이 수정헌법 제1조는 다음과 같이 '종교, 언론, 출판, 집회의 자유 및 청원의 권리'를 정하고 있습니다.

> 연방의회는 국교를 정하거나 또는 자유로운 신앙행위를 금지하는 법률을 제정할 수 없다. 또한 언론, 출판의 자유나 국민이 평화로이 집회할 권리 및 고충의 구제를 위하여 정부에게 청원할 수 있는 국민의 권리를 제한하는 법률을 제정할 수 없다.

미국에서는 이 수정헌법 1조로 인해서 위헌판결을 받게 된 법안도 있습니다. 대표적인 것이 바로 '성조기보호법'입니다. 1980년대에 수정헌법 조항을 근거로 성조기보호법은 헌법에 위배된다는 판결이 나왔죠. '성조기보호법'이 등장한 배경에는 베트남 전쟁(1960~1975년)이 있습니다.

2차 세계대전이 끝난 후, 인류에게 평화로운 세상이 찾아오는가 싶었지만, 미국을 중심으로 하는 자본주의와 소련을 중심으로 한 공산주의가 팽팽히 대결하던 냉전 시대가 열립니다. 당시 베트남이 통일하는 과정에서 내전이 일어났는데, 1964년 8월 7일 베트남의 공산화를 반드시 저지하기 위해 주둔 중이던 미국의 구축함이 북베트남의 어뢰 공격을 받았다는 이른바 '통킹만 사건'이 일어났죠. 이를 구실로 미국은 북베트남에 폭격을 가했고, 결국 전면전으로 확대되었습니다. 하지만 전쟁은 너무나 길어졌고, 전쟁에 나간 미국의 수많은 젊은이들이 아까운 목숨을 잃었습니다.

전쟁이 길어질수록 미국 내에서는 베트남전쟁을 반대하는 집회로 뜨거웠죠. 이때 시위에 참여한 많은 청년들이 정부의 결정을 규탄하는 일종의 퍼포먼스로 길거리에서 공공연히 성조기를 훼손하거나 불태우곤 했습니다. 그러자 이러한 국기 훼손 행위를 막기 위해서 1967년에 '성조기보호법'을 제정한 것입니다. 이 법은 공개적으로 성조기를 훼손하거나 태우거나 짓밟는 등 고의로 국기를 모욕하는 자에 대한 처벌을 담고 있죠.

그런데 세월이 흘러 1984년에 또다시 성조기를 불태우는 사건이 발생합니다. 미국은 당시 대통령인 도널드 레이건을 다시 공화당 후보로 추대하는 전당대회가 한창이었습니다. 마침 텍사스주의 댈러스라는 곳에서 전당대회가 열리고 있었죠. 이때 공산주의 신봉자였던 조이 존슨 등은 댈러스 시청 앞에서 미국을 맹렬히 비난하는 시위를 벌이던 중에 성조기를 불태우는 세리머니를 펼친 것입니다. 하급법원은 이들에게 '성조기보호법'에 근거하여 1년의 징역형과 2,000달러의 벌금형을 부과했죠. 하지만 존슨 등은 유죄 판결에 불복하여 항소했습니다. 그러자 이번에는 텍사스주 법

#국기_모독인가?_#표현의_자유인가?_#그것이_문제로다

원이 시위 중 벌어진 성조기 화형 행위를 수정헌법 1조의 상징적 표현행위로 보고 무죄를 선고했습니다. 이 판결에 다시 텍사스 주 당국이 반발하면서 이 사건은 연방대법원까지 가게 되었죠.

결국 사건이 있은 지 5년 후인 1989년에 연방대법관들은 5:4의 표결로 성조기 훼손을 일종의 상징적 표현행위로 간주함으로써 표현의 자유를 보장한 수정헌법 제1조의 보호를 받아 마땅하다며 인정했습니다. 즉 성조기 소각행위가 시민들에게 모욕감을 주긴 했지만, 이로 인해 성조기의 소중한 의미가 손상된 것이 아니며, 그저 정치적 의견을 표현하기 위한 수단이라고 본 것입니다. 도리어 국기를 훼손한 데 따른 국기 모독죄라는 것이 수정헌법 1조에 따르면 오히려 국기가 상징하는 자유와 포용의 가치를 심히 훼손한다고 해석한 거죠.

이처럼 수정헌법은 미국민들의 권리를 폭넓게 보장하는 역할을 하고 있습니다. 실제로 수정헌법의 조항은 1791년 이후 계속 추가되었는데, 9조와 10조에서 시민의 권리에 관한 내용을 담고 있고, 노예제도를 폐지한 내용을 담은 제13조가 있습니다. 또 19조에서 여성의 참정권을 보장했죠. 가장 최근인 1992년 비준된 수정헌법 27조[11]를 포함해 오늘날까지 총 27개의 조항으로 늘었습니다. 여러분도 앞으로 미국의 할리우드 영화를 보다가 재판 장면이 나오면 한번 유심히 살펴보세요. 수정헌법을 바탕으로 국민의 권리를

....
11. 미국 의회 의원의 급여 변경은 하원의원 다음 임기 시작될 때까지 유효하지 않다는 내용이 담김. 의회가 의원들 자신의 급여를 스스로 정하는 권한을 제한하기 위해 만들어졌다.

주장하는 장면을 자주 볼 수 있을 테니까요. 그만큼 수정헌법은 자유민주주의를 표방하는 나라 미국에서 국민의 인권을 보호하는 상징처럼 여겨집니다.

2차 세계대전 패전국으로서
뼈저린 대가가 담긴 일본의 헌법

두 번째로 살펴볼 것은 우리와는 가깝고도 먼 나라 일본의 헌법입니다. 일본은 1889년 2월에 최초의 헌법을 공포했습니다. 메이지 시대에 제정되었기 때문에 메이지헌법(明治憲法)이라고도 불리며, 한편 일본제국의 헌법이기 때문에 제국헌법(帝國憲法)이라고도 불립니다. 이 헌법은 1947년 5월 2일까지 시행되었습니다.

이 헌법의 특이한 점은 일반 국민보다는 일본의 군주인 천황의 불가침적 절대권위를 강조하면서 광범위한 권한을 부여하는 데 초점을 맞추고 있다는 부분입니다. 헌법에서 일본의 전 국민은 천황의 신하된 백성인 신민(臣民)으로 규정됩니다. 나아가 헌법에서 천황의 신성을 규정하고 있습니다. 헌법이라는 틀을 갖추었기 때문에 외견상 입헌군주제로 보이기는 하지만, 실상은 강력한 전제 군주제가 섞여 있는 셈입니다.

이 제국헌법은 2차 세계대전까지 지속되었죠. 하지만 2차 세계 대전에서 일본이 무조건적인 항복과 함께 패배를 선언하면서 연합군은 일본에 새로운 헌법을 만들 것을 요구했습니다. 즉 헌법에 인권 존중, 비무장화(군대 보유 금지), 자유민주주의 도입, 천황의 정치적 권한 박탈 등에 관한 내용을 담을 것을 요구한 거죠. 그렇게 만들어진 헌법이 바로 일본국헌법(日本國憲法) 또는 평화헌법(平和憲法) 내지 신헌법(新憲法)이라 불리는 것입니다. 이 일본국헌법은 1946년 11월 3일 공포되었으며, 일본에서는 이날을 문화의 날이라고 부르면서 공휴일로 지정하고 있습니다. 새로운 헌법은 1947년 5월 3일부로 시행되었는데, 일본은 이날 또한 헌법 기념일로써 공휴일로 지정하고 있습니다.

물론 새로운 일본국헌법에서도 천황에 대한 규정은 남아 있지만, 그 위상은 과거와 많이 달라졌습니다. 관련된 내용은 8조에 걸쳐 있죠. 예컨대 제1조에서 "천황은 일본국의 상징이며, 일본 국민 통합의 상징으로서 그 지위는 주권을 가진 일본 국민의 총의로부터 나온다."고 하고 있습니다. 하지만 기존의 제국헌법처럼 천황을 국가원수로 규정하거나 천황이 국사에 대해 독자적으로 행사할 수 있는 권한은 명목으로라도 전혀 나와 있지 않죠. 무엇보다 제국헌법과 비교하여 일본국헌법의 주목할 만한 차이점은 바로 "제2장 전쟁의 포기"입니다. 특히 제9조 제1항에 이렇게 나와 있죠.

일본 국민은 정의와 질서를 기초로 하는 국제 평화를 성실히 희구하며, 국제 분쟁을 해결하는 수단으로써 국권이 발동되는 전쟁과 무력에 의한 위협 또는 무력의 행사는 영구히 포기한다.

또한 제2항에서 다음과 같은 내용도 찾아볼 수 있습니다.

전항의 목적을 달성하기 위하여 육해공군, 그 밖의 전력을 보유하지 아니한다. 국가 교전권은 인정하지 아니한다.

앞으로 그 어떤 전쟁도 포기하고, 정식 군대를 보유하지 않겠다고 선언하는 조항을 헌법에 명시한 거죠. 이것이 새로운 일본 헌법이 '평화헌법'으로 불리는 이유입니다. 하지만 일본 우익 정치인들은 호시탐탐 이 조항의 폐지나 개정을 주장해왔고, 최근 아베 신조 전 일본 총리의 피격 사망과 함께 참의원 선거에서 보수 정당이 압승하며 개헌 가능성도 높아졌죠. 이 조항을 바꾸지 않으면 일본은 군대를 가질 수 없고, 또 타국의 무력 침략을 받지 않는 한 먼저 전쟁을 선포할 수도 없으며, 스스로를 보호하는 자위권만 갖습니다. 그런 의미에서 일본은 군대 대신 '자위대'를 보유하고 있죠. 이는 한국전쟁 이후 일본의 치안 유지를 명목으로 1954년에 창설한 조직입니다. 하지만 엄밀히 말하자면 자위대 운용 또한 평화헌법 9조를 무시한 운용이라는 비판도 적지 않습니다. 어떻게 포장해도 자위대는 육·해·공 3군을 가진 명백한 군대니까요. 그러나 일본 정부는 헌법 9조 2항이 금지한 '전력'이란 침략전쟁을 행하는 전력을 의미하는 것으로 해석하여 자위 목적에 한정한 '실력' 보유와 행사는 독립국의 당연한 권리로 헌법도 이를 부정하지 않고 있다는 소위 '자위대 합헌론'을 내세우며 위헌 논란을 잠재우려 하고 있죠. 어떠세요? 종종 신문에 나오는 일본의 자위대를 둘러싼 헌법적 논의가 등장하는 배경을 이해할 수 있겠죠?

그렇다면 우리나라의 경우에는 이와 관련한 부분이 어떻게 되어 있을까요? 다음처럼 국제평화의 원칙이 규정되어 있는 동시에 국가의 안전보장과 국토방위를 위한 국군에 대해 규정되어 있습니다.

제5조

① 대한민국은 국제평화의 유지에 노력하고 침략적 전쟁을 부인한다.

② 국군은 국가의 안전보장과 국토방위의 신성한 의무를 수행함을 사명으로 하며, 그 정치적 중립성은 준수된다.

⚖ 1조를 보면 보여요!

헌법은 나라마다 다른데, 특히 각 나라 헌법의 1조 1항, 2항은 그 국가가 지향하는 가치를 가장 강렬하게 드러낸다.

| 대한민국: 국민주권 |

제1조 1항 대한민국은 민주공화국이다.

제1조 2항 대한민국 주권은 국민에게 있고, 모든 권력은 국민으로부터 나온다.

| 미국: 자유 |

미국 수정헌법 1조 연방의회는 국교를 정하거나 또는 신앙 행위를 금지하는 법률을 제정할 수 없다. 또한 언론, 출판의 자유나 국민이 평화로이 집회할 수 있는 권리 및 불만 사항의 구제를 위하여 정부에게 청원할 수 있는 권리를 제한하는 법률을 제정할 수 없다.

국가원수 중심의
국가관이 드러나는 북한의 헌법

자, 끝으로 살펴볼 것은 바로 북한입니다. 어쩌면 여러분 중에는 '어, 북한에도 헌법이 있나?' 하는 생각을 하는 사람도 있을지 모르겠습니다. 왜냐하면 북한은 김일성, 김정일, 김정은으로 벌써 3대째 세습 독재정치가 이어지고 있는 탓에 헌법도 존재하지 않을 거라고 막연히 생각할 수도 있습니다. 앞서 말했다시피, 세상에는 다양한 종류의 헌법이 존재합니다. 그리고 북한에도 헌법은 존재합니다. 다만 다음에 제시한 헌법의 서문 일부를 통해서도 알 수

| 프랑스: 평등과 존중 |

1항: 프랑스는 비종교적 민주적 사회적 불가분적 공화국이다. 프랑스는 출신, 인종, 종교에 따른 차별 없이 모든 시민이 법률앞에 평등함을 보장한다. 프랑스는 모든 신념을 존중한다. 프랑스는 지방분권으로 이루어진다.

2항: 법률이 정하는 바에 따라 남성과 여성의 평등한 선거직과 선출직 및 직업적사회적 직책에 동등한 진출을 보장한다.

| 독일: 인간의 존엄과 평화 |

1항: 인간의 존엄성은 훼손할 수 없다. 인간의 존엄성을 존중하고 보호하는 것은 모든 국가권력의 책무이다.

2항 이에 독일 국민은 세상의 모든 인간 공동체와 평화 및 정의의 기초로서의 불가침이고 불가양인 인권에 대해 확신하는 바이다.

있듯이 김일성 중심의 국가관이 헌법에도 드러나 있습니다.

> 조선민주주의인민공화국은 위대한 김일성동지와 김정일동지의 사상과
> 령도를 구현한 주체의 사회주의조국이다. 위대한 김일성동지는 조선민
> 주주의인민공화국의 창건자이시며 사회주의조선의 시조이시다. 김일성
> 동지께서는 영생불멸의 주체사상을 창시하시고 그 기치밑에 항일혁명
> 투쟁을 조직령도하시여 영광스러운 혁명전통을 마련하시고 조국광복의
> 력사적위업을 이룩하시였으며 정치, 경제, 문화, 군사분야에서 자주독
> 립국가건설의 튼튼한 토대를 닦은데 기초하여 조선민주주의인민공화국
> 을 창건하시였다.(이하 생략)

그럼 북한의 헌법에는 국민에 대한 권리는 전혀 나와 있지 않은
걸까요? 그건 아닙니다. 북한의 헌법도 다른 나라의 헌법들처럼
국민의 권리에 대한 규정이 포함되어 있습니다. 하지만 북한의 헌
법은 성격상 국민 각자의 권리보다는 '집단주의'를 훨씬 더 강조하
는 내용이죠. 예컨대 북한의 헌법 제63조에는 이런 내용이 나와
있습니다.

> 조선민주주의인민공화국에서 공민의 권리와 의무는 《하나는 전체를 위
> 하여, 전체는 하나를 위하여》라는 집단주의원칙에 기초한다.

앞서 살펴본 국가로부터 국민 개개인의 권리 보호와 보장을 강조

하는 민주주의 역사와 맥이 닿아 있는 헌법들과는 성격이 많이 다르다는 점을 알 수 있습니다. 이처럼 헌법은 각 나라의 정치 상황과 밀접한 관련이 있습니다. 따라서 각 나라의 헌법을 들여다보면 국가관이라든가 그 나라가 추구하는 중심 가치 등을 파악할 수 있는 거죠.

"헌법에 어긋나지 않는지 똑똑히 지켜볼 거야!"

앞에서 우리는 헌법의 정의와 함께 우리나라를 포함해 세계 여러 나라의 헌법이 어떻게 만들어지고 또 발전되어왔는지를 중심으로 살펴보았습니다. 헌법을 통해 각 나라들이 추구하는 주요 가치와 정치적 상황과 특성 등이 어떻게 관련되어 있는지를 들여다볼 수 있었을 것입니다. 특히 많은 나라에서 헌법은 국가가 나아갈 길과 국민의 기본권을 보장하는 최후의 보루 같은 것이라고도 표현할 수도 있습니다. 따라서 어떤 경우에도 헌법정신은 반드시 수호되어야 하겠죠? 그런데 기본권은 무엇이고, 또 헌법을 통해 어떻게 지켜질까요? 만약 헌법에 위배되는 일이 발생한다면 어떻게 될까요? 그래서 이 장에서는 헌법을 수호하는 헌법재판에 관해서 살펴보고, 또 국민의 기본권, 즉 인간의 존엄권, 행복추구권, 인권, 평등권, 자유권, 참정권, 청구권, 사회권 등에 관해 헌법이 어떻게 명시하고 있는지를 살펴보고자 합니다.

2장

헌법과
헌법재판

헌법재판소는
왜 필요할까요?

우리가 살아가는 이 세상에는 매일매일 수많은 갈등과 다툼이 발생합니다.

"니 잘못이다!" "아니다, 잘못한 건 너다!"
"니 책임이다!" "무슨 소리냐! 니 책임이 더 크다!"

서로 이렇게 주장하며 양보 없이 팽팽히 맞서다가 원만한 협의에 이르지 못하면 때론 "그럼 법대로 해!"라며 법적 다툼에 이르기도 합니다. 즉 법에게 심판을 맡기는 거죠. 법률관계에 대하여 다툼이 발생한 경우에는 대체로 재판을 통하여 법원이 누구에게 어떠한 내용의 권리가 있는지를 확정함으로써 그 다툼을 해결하게 됩니다. 한쪽 편의 손을 들어줄 때도 있고, 때론 양측 모두에게 잘못의 책임이 있다고 판단할 때도 있습니다. 양쪽 모두의 잘못이 있는 경우에는 어느 쪽의 책임이 좀 더 무거운지도 판단하게 되죠.

만약 '법'이 잘못된 거면 어떻게 해?

우리 사회에서 법은 말하자면 잘잘못의 여부와 잘못을 했다면 얼마나 위중한지 그 강도도 함께 가리는 중대한 기준이 되는 셈입니다. 우리나라를 법치주의 국가, 민주주의 국가라고 하는데, 쉽게 말해 모두가 법에 따라 내려진 최종 판단에 대해서는 받아들이겠다는 사회적 합의가 이루어졌다고 말할 수 있죠. 따라서 법은 매우 중요한 판단기준이 됩니다. 그런데 만약 이런 중대한 기준에 오류가 있다면 어떻게 될까요? 또 잣대의 오류로 인해 법적 이해관계의 유불리가 뒤바뀔 수도 있다면 어떻게 될까요? 이로 인해 누군가는 억울한 피해를 입게 된다면 또 어떻게 하죠?

실제로 어떤 법률관계를 판단하는 근거가 되는 법률이 헌법에 위반되는 잘못이 있다고 주장하거나, 국민에게 의무를 지우거나 국민의 자유를 제한하는 국가 공권력의 작용이 그 자체로 헌법에 위반된다며 다툴 때가 있습니다. 앞에서 미국의 '성조기보호법' 사례에서 살펴본 것처럼 말입니다.

이런 때는 법으로 잘잘못을 가리는 일반 법원의 재판을 통하여 해결하기 어렵겠죠? 따라서 헌법에서 정한 권한 있는 재판기관이 그 분쟁에서 과연 무엇이 헌법에 합치되고, 또 무엇이 합치되지 않는 것인지를 판단하여 헌법에 위반하는 법률조항이나 공권력 행사를 바로잡음으로써 해결해야 합니다. 바로 이러한 것이 헌법재판입니다. 앞서 미국의 성조기보호법 위반자에 대한 공권력 행사를 '연방법원'이 최종적으로 위헌이라고 판결을 내린 것이 바로 헌법재판이죠. 우리나라에서는 헌법재판을 담당하고 있는 곳이 헌법재판소입니다. 미국에서는 우리나라의 헌법재판소와 같은 역할을 연방대법원에서 담당하는 것입니다.

헌법재판소,
헌법질서를 수호하라!

헌법은 국민이라면 누구나 마땅히 누려야 할 기본적 권리라 할 수 있는 기본권[1]을 지켜줍니다. 매우 중요한 말이지만, 한편으론 다소 추상적이라 실체가 없게 보이기도 합니다. 실제로 헌법은 매우 추상적이고 포괄적으로 규정되어 있습니다. 또 헌법은 우리 국가와

....
1. 기본권은 앞서 대헌장(1215)에서부터 논의되기 시작했습니다. 비록 모든 국민의 자유와 권리를 보호하는 헌장은 아니었으나 자유보장의 초석이 되었습니다. 자유권을 중심으로 논의되던 기본권은 최근에는 환경권, 평화권 등으로 점차 확장되고 있다.

사회의 모든 부분을 포괄하여 규정하는 것이기 때문에 구체적 사건이나 문제에 부딪혔을 때 추상적인 조문을 구체화하는 작업이 꼭 필요합니다. 예를 들어 만약 누군가 도둑질을 하여 타인의 재산에 피해를 주거나, 폭행을 가해서 타인의 신체에 상해를 입혔다고 합시다. 이런 경우 '형법'에 따라 피해 상황이나 상해 정도에 상응하는 구체적인 형벌이 가해지죠. 즉 '도둑질, 폭행…= 형사처벌'이라는 공식처럼 법 위반 시 구체적인 법적인 강제집행이 이루어지는 것입니다. 하지만 헌법은 그러한 강제집행 절차가 미약합니다. 조금 전 언급한 '기본권'처럼 구체적으로 어디부터 어디까지 포괄하는지를 미리 일일이 규정해놓는 게 불가능할 만큼 너무 애매모호하고 광범위하다는 뜻입니다.

그래서 헌법은 법률을 제정한다거나, 특정 사건이 벌어졌을 때는 '이것이 과연 헌법에 위반되는가, 위반되지 않는가?'를 재판함으로써 비로소 구체화됩니다. 헌법재판소는 이처럼 추상적인 헌법을 구체화하는 과정에서 헌법의 진정한 의미를 밝히고, 헌법을 수호할 현실적 필요를 보여줍니다. 즉 헌법을 가꾸어 나가고 헌법에 반하는 질서를 바로잡아가는 역할을 하는 거죠. 헌법재판소의 역할을 조금 구체적으로 정리해보면 다음과 같습니다.

첫째, 헌법이 지켜지지 않는 상황을 미리 막아주거나 사후에 회복시키는 역할을 한다.
둘째, 국가권력으로부터 국민의 기본권을 지켜준다. 국민의 기본권 보장은 국민주권주의를 표방하는 현대 헌법의 존재 이유라 할 수 있다.

셋째, 헌법재판은 권력분립의 역할도 한다. 입법·사법·행정의 3권분립에서 사법부의 일원으로서 입법부와 행정부의 권력남용을 방지한다. 입법부에서 제정한 법률이 헌법재판소에 의해 헌법에 위배된다고 판단되어 법률의 효력을 상실하기도 한다.

따라서 헌법재판소는 헌법의 가치를 국민의 실생활에서 구체적으로 실현해주는 기관인 동시에 헌법적 가치로 사회통합을 해나가는 역할을 합니다. 이런 중요한 역할로 인해 헌법재판소의 재판관은 자신의 정치적 성향이나 견해에 따라 판결이 좌지우지되지 않도록 반드시 정치적 중립을 지켜야 하며, 판결로 인한 보복성 불이익을 당하지 않도록 탄핵 또는 금고 이상 형의 선고를 받지 않는 한 파면되지 않도록 헌법 제112조에서 규정하고 있습니다.

제112조

① 헌법재판소 재판관의 임기는 6년으로 하며, 법률이 정하는 바에 의하여 연임할 수 있다.

② 헌법재판소 재판관은 정당에 가입하거나 정치에 관여할 수 없다.

③ 헌법재판소 재판관은 탄핵 또는 금고 이상의 형의 선고에 의하지 아니하고는 파면되지 아니한다.

02

헌법재판은 일반 재판과
무엇이 다를까요?

헌법재판은 광범위하고 추상적인 헌법 가치를 구체적으로 드러냅니다. 헌법재판소는 헌법재판을 통해 헌법의 규범력을 보장하죠. 즉 반드시 지키도록 강제하는 것입니다. 그렇다면 우리나라에서 헌법재판은 어떻게 진행될까요?

누가,
어떻게 판단할까?

헌법재판도 일반 재판과 마찬가지로 먼저 재판부가 필요합니다. 헌법재판소는 재판관 전원으로 구성되는 재판부를 두는데, 헌법재판은 9명의 재판관으로 이뤄집니다. 재판관은 대통령이 3인, 국회에서 3인, 대법원장이 3인을 각각 지명합니다. 재판관의 임기는 6년이며, 연임도 가능하죠. 또한 재판관을 도와주는 연구진도 있습니다. 이들은 관련 사항을 조사·연구합니다. 인적 구성과 관련해서 헌법 제6장 헌법재판소의 제111조 제2항부터 4항에 다음과 같이 규정하고 있습니다.

제111조

② 헌법재판소는 법관의 자격을 가진 9인의 재판관으로 구성하며, 재판관은 대통령이 임명한다.

③ 제2항의 재판관 중 3인은 국회에서 선출하는 자를, 3인은 대법원장이 지명하는 자를 임명한다.

④ 헌법재판소의 장은 국회의 동의를 얻어 재판관 중에서 대통령이 임명한다.

일반 재판에서도 피고와 원고, 고소인과 피고소인 간의 소명 과정이 필요한 것처럼 헌법재판도 마찬가지입니다. 헌법재판이 진행되면 청구인, 피청구인 등에게 소명할 기회를 충분히 주고, 이후 재판관들끼리 모여서 판결을 내립니다. 9인 재판관들의 만장일치가 이루어지면 그대로 판결이 내려집니다. 하지만 만약 재판관들 간에 만장일치가 이루어지지 않을 경우 표결을 실시하죠. 표결 결과 9인의 재판관 중 6인 이상이 찬성해야 법률에 대하여 위헌을 결정하거나, 탄핵이나 정당해산 등을 결정할 수 있습니다. 그렇기에 위헌 의견이 재판관 9명 중 5명, 즉 과반수라도 6인에 이르지 못했기 때문에 합헌 결정을 내리게 됩니다. 다수의견이라 하더라도 반대의 결정이 내려질 수 있다는 뜻입니다. 또한 헌법재판 판례에는 다수의견뿐만 아니라 소수의견도 실리기에 이에 대한 내용도 살펴볼 수 있습니다. 인용결정에 관한 내용은 헌법 제113조 제1항에 다음과 같이 규정하고 있습니다.

제113조
① 헌법재판소에서 법률의 위헌결정, 탄핵의 결정, 정당해산의 결정 또는 헌법소원에 관한 인용결정을 할 때에는 재판관 6인 이상의 찬성이 있어야 한다.

대법원과 헌법재판소의 관계는?

통상적으로 재판을 받으면, 법원은 그 주체와 절차에 따라서 판결, 결정, 명령 등으로 심판하게 됩니다. '판결'은 재판에서 법원의 가장 핵심적 의사표시이죠. 법원은 법률을 잣대로 재판을 통해 판결을 내리는 역할을 하고, 헌법재판소는 판결의 근거가 되는 법률을 헌법에 비추어 혹시 어긋나는 부분이 있는지를 판단해서 결정을 내립니다. 재판을 받은 후에 재판 당사자 모두 법원이 내린 판결에 대해 순순히 승복하는 경우도 있겠지만, 법원의 판결을 받아들일 수 없는 경우도 있을 것입니다. 법원의 판결에 불복하는 경우에는 다시 심판을 청구할 수 있습니다. 우리나라는 일반적으로 하나의 사건에 대해서 3번까지 재판을 받을 수 있는 심급제도가 마련되어 있습니다. 이것이 3심제로 1심은 지방법원, 2심은 고등법원, 3심은 대법원을 거칩니다. 헌법 제101조에 다음과 같이 나와 있죠.

제101조

① 사법권은 법관으로 구성된 법원에 속한다.

② 법원은 최고법원인 대법원과 각급법원으로 조직된다.

그럼 갑자기 궁금증이 생깁니다. 대법원과 헌법재판소 간에 의견 차이가 생길 때는 어떻게 되는 걸까요? 우선 헌법재판소와 대법원은 헌법 체계 아래에서 수행하는 실질적 역할에 있어 차이가 있다는 점을 지적하고 싶습니다. 즉 헌법재판소는 헌법재판을 담당하고, 대법원은 법률재판을 중심으로 담당하는 것입니다. 따라서 헌법재판소와 대법원이 상호보완적으로 국민의 기본권과 권리를 보호하는 셈이죠. 그렇다면 이런 경우를 한번 생각해볼까요? 만약 누군가 대법원의 판결에 불복할 경우 헌법재판소에 재판 취소를 요구하는 헌법소원을 낼 수 있을까요? 이런 경우에 대해 다음과 같은 규정이 마련되어 있습니다.

헌법재판소법 제68조 1항

공권력의 행사 또는 불행사로 인하여 헌법상 보장된 기본권을 침해받은 자는 법원의 재판을 제외하고는 헌법재판소에 헌법소원심판을 청구할 수 있다.

비록 원칙적으로는 헌법재판소에 대법원의 판결 취소를 요구할 순 없지만, 판례를 통해 예외적으로 위헌으로 결정한 법률을 법원이 적용했고, 그 적용으로 인하여 국민의 기본권이 실제로 침해된 경우 재판에 대한 판단을 내리는 거죠. 대법원의 판결로 최종 확정되더라도 재심을 청구할 수 있습니다. 재심이란 확정된 판결에 대해 판결절차 또는 소송자료에 중대한 흠이 있는 경우 그 판결의 취소를 구함과 아울러 소송을 흠 있는 판결 전의 상태로 복구시켜 다시 변론과 재판을 해줄 것을 요구하는 불복신청방법입니다.

예컨대 영화 〈살인의 추억〉으로 더 유명해진 화성 연쇄살인사건의 경우 범인으로 지목되어 20년 동안 옥살이를 했던 분이 2020년에 재심 청구소송에서 무죄 판결이 나며 32년 만에 공식적으로 누명을 벗기도 했습니다. 재판부는 "과거 수사기관의 부실 행위로 잘못된 판결이 나왔다. 오랜 기간 옥고를 거치며 정신적·육체적으로 큰 고통을 받은 피고인에게 사법부 구성원 일원으로서 사과의 말씀을 드린다."며 반성하기도 했습니다.[2]

....

2. 김기성, 〈32년 만에 바로잡은 '살인의 추억'…윤성여씨 재심 "무죄"〉, 《한겨레》, 2020.12.17. (수정: 2020.12.18).

재판의 효과는
어디까지 미칠까?

헌법재판이 대법원의 재판과 가장 다른 점을 꼽으면 재판의 효과가 미치는 범위입니다. 먼저 일반 재판의 결과는 재판을 받은 당사자에게만 법적 책임이 미칩니다. 예컨대 민사재판의 경우에는 원고와 피고, 형사재판의 경우 재판의 결과는 검사와 피고인이 당사자에 해당합니다. 즉 음주운전 뺑소니를 저지른 갑돌이가 기소되어 재판을 받았다면, 재판 결과 갑돌이는 처벌 당사자가 되고 판결을 통해 죗값을 치르게 됩니다. 하지만 헌법재판은 당사자뿐만 아니라 일반 법원과 다른 국가기관 그리고 국민 전체를 구속합니다. 예컨대 어떤 법률에 대한 위헌법률 심판이 이루어져서 해당 법이 위헌으로 결정되면 그 법률 자체가 효력을 잃게됩니다. 즉 해당 법률은 더 이상 잘못을 판단하는 기준으로써의 효력을 상실하게 되는 거죠. 이를 기속력이라고 합니다. 기속(羈束)이란 얽매어 묶는다는 뜻입니다. 따라서 다음 헌법재판소법처럼 법원, 국가기관, 지방자치단체 등이 자의적으로 판단할 수 없고 헌법재판소의 위헌결정에 따라야 합니다.

제47조(위헌결정의 효력)

① 법률의 위헌결정은 법원과 그 밖의 국가기관 및 지방자치단체를 기속한다.

그렇다면 시간적으로는 어떨까요? 원칙적으로는 위헌으로 결정된 법률 또는 법률의 조항은 그 결정이 있는 날로부터 효력을 상실하게 됩니다. 그렇지만 예외적으로 형벌에 관한 법률 또는 법률의 조항은 소급하여 그 효력을 상실하기도 합니다. 소급(遡及)이란 지나간 일에까지 거슬러 올라가서 영향을 미친다는 의미입니다. 앞서도 얘기한 것처럼 이미 법원의 판결이 확정된 경우라면 재심을 청구할 수 있도록 하고 있습니다. 다만 형벌에 관한 조항에 대한 위헌결정의 소급효[3]를 인정하고 있기는 하지만, 반대로 과거 형사처벌을 받지 않았던 자들까지 소급하여 모두 처벌할 수는 없도록 하고 있습니다.

제47조(위헌결정의 효력)

② 위헌으로 결정된 법률 또는 법률의 조항은 그 결정이 있는 날부터 효력을 상실한다.

③ 제2항에도 불구하고 형벌에 관한 법률 또는 법률의 조항은 소급하여 그 효력을 상실한다. 다만, 해당 법률 또는 법률의 조항에 대하여 종전에 합헌으로 결정한 사건이 있는 경우에는 그 결정이 있는 날의 다음 날로 소급하여 효력을 상실한다.

④ 제3항의 경우에 위헌으로 결정된 법률 또는 법률의 조항에 근거한 유죄의 확정판결에 대하여는 재심을 청구할 수 있다.

....
3. 소급효(遡及效)란 법률이나 법률요건의 효력이 그것이 성립되기 이전의 시점부터 발생하는 것을 말한다. 일반적으로 법률은 소급효를 갖지 않음을 원칙으로 한다.

이미 지나가버린 과거까지 들춰내서 소급 처벌을 하거나 불이익을 주어서는 안 된다는 원칙은 헌법 제13조에도 규정되어 있습니다. 이러한 규정을 마련한 이유는 나중에 입법을 통해 과거의 잘못들을 샅샅이 들춰내 처벌할 수 있게 되면 이것이 자칫 국민의 법적 안정성을 해치는 무기가 될 수도 있기 때문입니다.

제13조

① 모든 국민은 행위시의 법률에 의하여 범죄를 구성하지 아니하는 행위로 소추되지 아니하며, 동일한 범죄에 대하여 거듭 처벌받지 아니한다.

② 모든 국민은 소급입법에 의하여 참정권의 제한을 받거나 재산권을 박탈당하지 아니한다.

03
헌법재판은
어떤 경우에 이루어질까요?

헌법재판은 기본적으로 헌법의 위반 여부를 가리는 재판입니다. 헌법재판과 관련해서 헌법 제111조 제1항에서 다음과 같이 규정하고 있습니다.

제111조 ① 헌법재판소는 다음 사항을 관장한다.

    1. 법원의 제청에 의한 법률의 위헌여부 심판

    2. 탄핵의 심판

    3. 정당의 해산 심판

    4. 국가기관 상호 간, 국가기관과 지방자치단체 간 및 지방자치단체

       상호 간의 권한쟁의에 관한 심판

    5. 법률이 정하는 헌법소원에 관한 심판

헌법재판은 사건의 성격에 따라 위헌법률심판, 탄핵심판, 정당해
산심판, 권한쟁의심판, 헌법소원심판 등으로 나눌 수 있습니다. 뒷
장에서 소개하는 헌법재판 사례들에는 사건 번호가 붙어 있죠. 마
치 암호 같기도 한 이 사건 번호는 나름대로 의미가 있습니다. 예
를 들어 사건 번호가 "2016.12.29. 2013헌마142"라고 합시다. 여
기에서 맨 앞의 날짜인 2016년 12월 29일은 헌법재판소 결정이 선
고된 날입니다. 다음으로 2013은 사건이 접수된 연도를 의미하죠.
'헌마'는 사건의 종류를 나타내는데 위헌법률심판은 '헌가', 탄핵심
판은 '헌나', 정당해산심판은 '헌다', 권한쟁의심판은 '헌라', 헌법소
원심판은 '헌마(제1종: 권리구제형)', '헌바(제2종: 위헌법률심사형)' 등
입니다. 맨 끝자리 숫자 142는 사건의 종류별 접수 순서를 뜻합니
다. 따라서 위의 숫자를 풀어보면 2016년 12월 29일 헌법재판소의
결정이 선고된 사건인데, 이 사건이 접수된 연도는 2013년이고, 접
수된 헌법소원심판 사건 중 142번째였다는 의미인 것입니다.

위헌법률심판,
"이 법은 아무래도 중대한 오류가 있어 보입니다만…"

우리나라는 권력이 한곳에 독점되지 않도록 국가권력의 작용을
입법·행정·사법의 셋으로 나누어 상호 견제하도록 삼권분립을
채택하고 있죠. 이러한 삼권분립 안에서 법률을 만드는 역할을

담당하는 것은 여러분도 알다시피 입법기관인 국회입니다. 하지만 국회에서 협의와 정당한 절차를 거쳐 만든 법이라도 문제는 있을 수 있죠. 위헌법률심판은 국회가 만든 법률이 헌법에 위반되는지 여부를 심사하고 만약 헌법에 위반된다고 판단하게 되면 해당 법률의 효력을 잃게 하거나 더 이상 적용할 수 없게 만드는 재판입니다. 법원이 재판이 진행되는 과정에서 재판의 근거가 되는 법령이 헌법에 위배되는 경우가 발생한다면 헌법재판소에 청구하게 됩니다. 또 위헌법률심판은 법원이나 국민이 헌법재판소에 요청할 수 있습니다.

위헌법률심판이 헌법재판소에 제청되면 당해 소송사건의 재판은 헌법재판소의 위헌 여부의 결정까지 정지됩니다. 다만, 법원이 긴급하다고 인정하는 경우 종국재판, 즉 소송 절차를 종결한 재판 외에는 소송절차를 진행할 수 있습니다. 헌법재판소에서 위헌법률로 결정되면 결정 당일로부터 그 법률은 효력을 잃게 되죠. 하지만 위헌성은 긍정하되, 입법자의 입법 형성 자유를 존중하고 법의 공백과 혼란을 피하는 차원에서 일정 기간 해당 법률의 외형은 존재하지만, 그 적용이 중지되는 헌법불합치 결정을 내리기도 합니다. 위헌임에도 이러한 결정을 내리는 이유는 뒤에서 다시 살펴보겠지만 위헌으로 결정하면 당장 그 법률이 사라져 입법의 공백을 메울 수 없게 되기 때문입니다. 예컨대 뒤에서 좀 더 자세히 살펴볼 호주제의 경우 헌법재판부는 호주를 중심으로 가족구성원들의 출생·혼인·사망 등의 신분 변동을 기록하는 호주제도에 대해 위헌성은 인정하지만, 신분관계를 공시 · 증명하는 공적 기록에 중대한 공백이 발생하게 됨에 따라, 2005년에는 헌법불합치결정을 선고했습니다. 하지만 이후 여성계를 중심으로 거센 폐지 요구가 이어졌고, 호주제는 결국 2008년 1월 1일부로 완전히 폐지되었으며, 현재는 가족관계등록부 제도가 실시되고 있습니다.

▌탄핵심판,
▌"당신을 파면합니다!"

대통령을 포함해 고위 공무원, 기타 특수 직위의 공무원 등은 안정적인 공무 수행을 위해 임기 중 법적 책임을 면할 수 있는 면책특권을 가집니다. 이는 안정적인 국정 운영을 도모하기 위함입니다. 즉 범죄사실이 밝혀져도 임기 중에는 그 책임을 묻지 않는 것입니다. 예컨대 벨기에 대사 부인이 우리나라 상점에서 종업원에게 갑질과 폭행을 저지른 사실이 알려지면서 한동안 시끄러웠습니다. 외교관과 그 가족에 대해 부여한 면책특권으로 인해 우리나라에서는 폭행 당사자인 그녀를 처벌할 방법이 없었죠. 또한 우리나라에서 국회의원은 직무상 행한 발언과 표결에 관하여 국회 밖에서 책임을 지지 않는 권리를 갖습니다.

국회의원은 더 나아가서 불체포특권도 갖습니다. 국회의원은 현행범인 경우를 제외하고는 국회가 열리는 동안은 국회의 동의 없이 체포 또는 구금되지 않습니다. 이러한 면책특권과 불체포특권은 의회를 절대권력이나 집권자의 부당한 압력 또는 탄압으로부터 보호하는 중요한 제도적 장치입니다.

그렇지만 어떤 잘못을 저질러도 무조건 법적 책임을 물을 수 없는 것은 아닙니다. 탄핵심판은 형벌 또는 보통의 징계 절차로는 처벌하기 곤란한 고위 공무원이나 특수한 직위에 있는 공무원이 맡은 직무와 관련하여 헌법이나 법률에 어긋나는 행위를 하였을 경우 당해 공무원을 파면하거나 공직에서 물러나게 하는 재판입니다. 헌법 제65조에서는 다음처럼 대통령, 국무총리, 장관, 헌법재판소 재판관, 법관, 감사원장 등에 대해 탄핵을 할 수 있도록 하고 있으며 탄핵은 국회에서 의결하도록 하고 있습니다.

제65조

① 대통령 · 국무총리 · 국무위원 · 행정 각부의 장 · 헌법재판소 재판관 · 법관 · 중앙선거관리위원회 위원 · 감사원장 · 감사위원 기타 법률이 정한 공무원이 그 직무집행에 있어서 헌법이나 법률을 위배한 때에는 국회는 탄핵의 소추를 의결할 수 있다.

뒤에서도 좀 더 살펴보겠지만, 우리나라에서는 노무현 전 대통령과 박근혜 전 대통령 각각에 대해 대통령 탄핵소추안이 국회에서 가결된 바 있습니다. 그리고 2017년 대한민국은 초유의 사태를 맞이합니다. 헌법재판소는 2017년 3월 대통령 탄핵을 결정했고, 박근혜 전 대통령은 대한민국 헌정사 최초로 대통령직에서 파면되는 불명예를 안았습니다.

정당해산심판, "민주주의에 반하는 정당은 인정할 수 없습니다!"

정당(政黨)은 공공의 이익 실현을 목표로 하여 정치적 견해를 같이하는 사람들이 자발적으로 조직한 집단을 말합니다. 대부분의 국회의원들은 정당에 소속되어 정치 활동을 합니다. 물론 특정 정당에 소속되지 않은 국회의원도 있는데, 이들은 무소속이라 지칭합니다. 정당은 다시 여당과 야당으로도 나뉘는데요. 여당이란 대통령을 배출한 정당을 말하고, 야당은 여당을 제외한 나머지 정당들을 모두 포함합니다. 야당은 정부와 여당의 정책을 감시하는 한편, 다음 선거 때 자신의 정당에서 대통령을 배출하기 위해 노력하죠.

우리나라의 헌법은 정당을 자유롭게 설립할 수 있게 보장하며, 또 하나의 정당만이 아닌 복수의 정당을 설립할 수 있는 자유를 보장하고 있습니다. 다만 정당은 그 목적, 조직과 활동이 민주적이어야 하며, 국민이 정치적 의사 형성에 참여하기 위해 필요한 조직을 가져야 합니다. 이렇게 설립되고 운영된 정당은 국가의 보호를 받으며 보조금을 받기도 합니다.

하지만 반대로 정당의 목적이나 활동이 민주적 기본질서에 위배된다면 정부는 헌법재판소에 정당의 해산을 제소할 수 있고, 정당은 헌법재판소의 결정에 따라 해산될 수 있습니다. 실제로 2014년에 우리나라는 헌정사상 최초로 헌법재판소에서 통합진보당의 해산 결정을 내린 바 있죠.

> 제8조
>
> ① 정당의 설립은 자유이며, 복수정당제는 보장된다.
>
> ② 정당은 그 목적·조직과 활동이 민주적이어야 하며, 국민의 정치적 의사형성에 참여하는데 필요한 조직을 가져야 한다.
>
> ③ 정당은 법률이 정하는 바에 의하여 국가의 보호를 받으며, 국가는 법률이 정하는 바에 의하여 정당운영에 필요한 자금을 보조할 수 있다.
>
> ④ 정당의 목적이나 활동이 민주적 기본질서에 위배될 때에는 정부는 헌법재판소에 그 해산을 제소할 수 있고, 정당은 헌법재판소의 심판에 의하여 해산된다.

이처럼 정당해산심판이란 만약 어떤 정당의 목적이나 활동이 헌법이 정하는 민주적 기본질서에 위반되는 경우에 그 정당을 해산할 것인지 여부를 헌법재판소에서 결정하는 재판입니다. 좀 전에 언급한 통합진보당 해산 사례는 뒤에서 좀 더 자세히 살펴볼 예정이지만, 이 결정으로 우리나라는 독일, 스페인, 터키, 태국, 이집트에 이어 세계에서 6번째로 위헌정당해산제도를 통해 정당해산을 실시한 나라가 되었습니다.

권한쟁의심판,
"그건 우리 권한이니 선 넘지 마라!"

우리나라에는 국회, 정부, 법원, 중앙선거관리위원회, 지방자치단체 등 다양한 기관이 존재합니다. 각 기관은 저마다의 역할이 구분되어 있지만, 실제 역할을 수행하는 과정에서 미묘하게 선을 넘나드는 경우가 생기기도 합니다. 즉 기관 사이에도 권한의 존재 여부나 또는 권한의 행사 범위 등을 두고 서로 다툼이 일어날 수 있습니다. 이처럼 권한쟁의심판이란 국가기관 상호 간 또는 지방자치단체 상호 간 또는 국가기관과 지방자치단체 사이에서 권한이 어디에 있는지 또는 권한이 있다면 어디까지 행사할 수 있는지에 관해 다툼이 생기는 경우 이를 해결하는 재판입니다.

사례로 살펴볼까요? 혹시 경부고속철도선에서 아산시와 천안시를 통과하는 KTX 정차역의 이름을 알고 있나요? 직접 가본 사람도 있겠지만, '천안아산역'입니다. 이 이름은 국토부가 결정한 것인데, 이에 대해 아산시는 국토부가 자신들의 권리를 침해했다며 권한쟁의심판을 청구한 바 있습니다. 이에 대해 헌법재판소는 고속철도의 건설이나 고속철도역의 명칭 결정은 지방자치단체의 사무가 아니라 국가의 사무라 보았고, 역 이름도 그대로 유지되었죠. 이처럼 권한쟁의심판은 국가의 작용과 기능이 원래의 목적에 따라 정상적으로 운영되는 데 목적을 두고 있습니다. 또한 앞서 살펴본 민주주의 원리로서 권력분립을 실현하기 위함이기도 합니다.

헌법소원심판,
"국가가 나의 기본권을 침해하고 있어요!"

끝으로 헌법소원심판이 있습니다. 국가 권력이 헌법상 보장된 개인의 기본권을 침해하는 경우 기본권이 침해된 개인이 헌법재판소에 요청하는 심판입니다. 앞서 위헌법률심판의 경우가 국회에서 제정한 법률이 헌법에 위반되는지 여부에 관한 심사라면, 헌법소원심판은 공권력에 의해 헌법상 개인의 권리가 침해된 경우 구제를 청구하는 것입니다. 그래서 위헌법률심판과 달리 헌법소원심판은 법원이 아닌 개인만 청구합니다.

이처럼 개인은 헌법재판소에 자신의 기본권을 침해하는 국가권력의 행위가 헌법에 위반되는 것은 아닌지를 결정하여 그 행위의 효력을 없애 줄 것을 요청할 수 있습니다. 헌법이 보장하는 기본권을 보호하는 가장 실효성 있는 권력통제장치라고 할 수 있죠. 그런데 이러한 청구는 비단 우리나라 국적을 가진 국민만 할 수 있는 것이 아닙니다. 외국인의 경우에도 타당하게 인정될 만한 기본권 침해를 받은 경우 헌법소원을 청구할 수 있죠.

앞에서 살펴봤듯이 헌법재판소법 제68조에 따라 법원의 재판 결과에 대해서는 원칙적으로 헌법소원심판을 할 수 없도록 하고 있습니다. 다만 헌법재판소는 판례를 통해 예외를 인정하고 있습니다. 예컨대 위헌으로 결정한 법률을 법원이 적용했고, 그 적용으로 인하여 국민의 기본권이 실제로 침해된 경우에 대해서는 잘못된 재판을 한 것에 대한 법원의 책임을 인정하기도 하죠. 이처럼 헌법소원심판은 개인의 주관적인 기본권을 보장할 뿐만 아니라 위헌적인 공권력 행사를 통제함으로써 객관적 헌법질서를 지키는 헌법보장 기능을 수행합니다.

앞으로 3장에서 다양한 헌법재판 사례들을 살펴볼 것입니다. 헌법이 보장하고 또 제한하는 기본권의 문제는 우리 자신의 문제이기도 합니다. 법이나 공권력이 국민의 기본권을 과도하게 침해하여 억울함을 겪는 국민은 한 사람도 없어야 하니까요. 하지만 앞서 언급한 것처럼 기본권이란 너무 추상적이고 광범위합니다. 그래서 본격적인 사례들을 살펴보기 전에 기본권에 대해 좀 더 자세히 살펴봅시다.

04

"잡힐 듯 말 듯 모호한 기본권, 실체가 궁금해?"

헌법재판을 통해 보장되는 국민의 기본적인 권리를 기본권이라고 합니다. 바로 뒤 3장에서 다양한 사례들을 통해 좀 더 구체적으로 살펴보기는 하겠지만, 여기서 기본권에 대해 간략하게 정리하면서 개념을 짚어보려 합니다.

헌법이 보장하는
국민의 기본권에 관하여

헌법은 한 나라의 국민으로서 최소한 인간다운 삶을 위해 마땅히 누려야 할 권리를 보장하고 있습니다. 태어날 때부터 누구나 가지고 있는 권리라고 할 수 있죠. 우리나라 헌법에서는 구체적으로 인간의 존엄권, 행복추구권, 자유권, 평등권, 참정권, 청구권, 사회권 등을 기본권으로 정의하고 보장합니다.

헌법이 이러한 국민의 기본권을 보장함으로써, 예컨대 우리는 모두 하고 싶은 일을 자유롭게 선택할 수 있고, 살고 싶은 곳에서 살 수 있으며, 자신의 생각을 자유롭게 말하고 표현할 수 있습니다. 각 기본권에 대해서는 뒷부분에서 살펴보겠습니다. 다만 기본권이라고 해도 무한정 보장되는 것은 아닙니다. 그리고 권리에 대한 의무도 따르게 됩니다. 대한민국 헌법 조문은 총 130조항으로 되어 있습니다. 이 중 제10조에서 제36조에 걸쳐 기본권이 규정되어 있으며, 제37조에서는 권리의 제한, 제38조와 제39조에서는 국민의 의무가 규정되어 있습니다.

제10조	인간의 존엄권, 행복추구권; 인권
제11조	평등권
제12조~제23조	자유권
제24조~제25조	참정권
제26조~제30조	청구권
제31조~제36조	사회권
제37조	권리의 제한
제38~제39조	의무

이처럼 우리나라 헌법은 기본권에 관해 규정하는 한편, 권리의 제한과 의무 또한 함께 규정하고 있습니다. 이러한 기본권은 대한민국 국민이면 누구에게나 보장되는 권리입니다. 따라서 외국에 사는 우리나라 국민에게도 해당됩니다. 하지만 만약 해외 국적을 가진 외국인이라면 어떻게 될까요? 이들은 엄밀히 말하면 외국인인데, 이들에게도 우리나라에서 기본권이 인정될 수 있을까요? 바로 이 문제와 관련한 헌법재판 사례가 있습니다.

중국 국적인 이들은 1999년 대한민국 정부수립 이전에 해외로 이주한 자 및 그 가족들에 대해 재외동포법상의 재외동포에서 제외된 부분에 대해 이것이 헌법 제11조의 평등의 원칙에 위배된다고 헌법재판소에 주장했습니다. 재외동포란 재외국민과 외국 국적 동포를 포함하는 개념입니다. 우리나라는 재외국민뿐만 아니라 외국 국적의 동포에 대해서는 재외동포로서 다른 외국인에게는 허용되지 않는 각종 혜택을 부여하고 있죠.

헌법재판소는 어떻게 판단했을까요? 헌법재판소는 '국민' 또는 국민과 유사한 지위에 있는 '외국인'은 기본권의 주체가 될 수 있다고 했습니다. 그렇기에 평등권도 인간의 권리로서 참정권 등에 대한 성질상의 제한 및 상호주의에 따른 제한이 있을 수 있을 뿐이라고 보았고요. 해당 사건에서 대한민국 정부수립 이전에 해외로 이주한 자, 정부수립 이후에 이주한 자, 외국의 국적을 취득한 동포 모두 재외동포에 해당한다고 보았습니다. 따라서 정부수립 이전에 이주한 동포를 제외한 재외동포법은 평등권 침해라고 했습니다.

한 국가 안에 서로 다른 인종, 민족, 계급 등이 뒤섞인 채 공존하는 사회를 다문화사회라고 한다. 다문화는 이미 세계적인 추세이며, 우리나라도 급격히 다문화사회로 나아가고 있다. 그런데 이러한 시대에 최근 뜨거운 논란이 된 이슈가 있다. 바로 외국인 건강보험제도에 관한 것이다. 특히 외국인이 건강보험료는 제대로 납부하지 않은 채 과도한 급여 혜택을 받고 있다는 주장을 퍼뜨리는 사람들이 있다. 이런 주장은 국내에 거주하는 외국인은 물론 다문화 이주민에 대한 혐오나 차별을 심화시키는 요인이 되고 있다. 그런데 이들의 주장은 과연 사실일까? 실제로 해외이주민은 내국인과 비슷한 수준이거나, 오히려 소득 대비 과도한 건강보험료를 납부하고 있다. 왜냐하면 정부는 이주민의 소득과 재산을 파악하기 어렵다는 이유만으로 영주자와 결혼이민을 제외한 이주민의 보험료 부과 기준을 우리나라 전체 건강보험 가입자의 평균 보험료로 일괄 적용했기 때문이다.

또 우리가 간과하면 안 되는 것이 있다. 그건 우리나라 건강보험은 근본적으로 사보험과 다른 국가의 복지정책이라는 점을 염두에 두어야 한다는 점이다. 즉 건강보험제도는 '내가 낸 만큼' 개인에게 혜택을 돌려주는 사보험이 아니다. 또한 건강보험은 저소득층과 고소득층의 조건을 고려하여 '적정 부담 능력 있는 곳에 적정 부과' 원칙을 적용해 차별화된 건강보험료를 책정하고, 대신 의료 치료를 받을 때는 모든 가입자가 동일한 형태로 필요한 급여를 받을 수 있도록 하는 것이다.

내 기본권과 네 기본권이 충돌하면
어떻게 되지?

헌법은 오직 나의 권리만을 보장해주는 것이 아닙니다. 국민 모두의 기본권을 보장합니다. 그런데 살다 보면 기본권끼리 서로 충돌하는 일도 종종 발생하죠. 때론 내 기본권이 다른 누군가의 기본권과 서로 충돌할 때도 있습니다.

흡연을 예로 들어볼까요? 흡연은 백해무익하다고 널리 알려졌지만, 우리나라에서 흡연 여부는 개인의 선택에 달려 있죠. 국가는 국민 건강 증진을 위해 캠페인을 통해 금연을 권고하고, 국가금연지원센터 등을 통해 금연을 도와주기는 해도 강제하지는 않습니다. 하지만 불특정 다수가 이용하는 시설에 대해서는 다릅니다. 공중이용시설에서 누구나 함부로 담배를 피운다면 임신부나 청소년, 어린이 또는 환자 등의 경우 흡연으로 인한 피해가 발생할 수도 있으니까요. 따라서 우리나라는 국민건강증진법 제9조 제4항에 따라 모든 공중이용시설을 금연 구역으로 설정합니다. 만약 금연 구역으로 지정하지 않으면 과태료를 부과하며, 공중이용시설에서 흡연을 한 사람에게도 과태료를 부과하죠.

그런데 다중이용시설을 금연 구역으로 지정한 법에 대해 흡연자의 흡연할 권리를 침해했다며 헌법소원 심판을 한 경우가 있었습니다. 이에 대해 헌법재판소는 흡연권과 혐연권 간의 충돌에 대해 다음과 같이 판시했습니다.

흡연자들이 자유롭게 흡연할 권리를 흡연권이라고 한다면, 이러한 흡연권은 인간의 존엄과 행복추구권을 규정한 헌법 제10조와 사생활의 자유를 규정한 헌법 제17조에 의하여 뒷받침된다.

위와 같이 흡연자들의 흡연권이 인정되듯이, 비흡연자들에게도 흡연을 하지 아니할 권리 내지 흡연으로부터 자유로울 권리가 인정된다(이하 이를 '혐연권'이라고 한다). 혐연권은 흡연권과 마찬가지로 헌법 제17조, 헌법 제10조에서 그 헌법적 근거를 찾을 수 있다. 나아가 흡연이 흡연자는 물론 간접흡연에 노출되는 비흡연자들의 건강과 생명도 위협한다는 면에서 혐연권은 헌법이 보장하는 건강권과 생명권에 기하여서도 인정된다.

…(중략)… 그러나 흡연자와 비흡연자가 함께 생활하는 공간에서의 흡연행위는 필연적으로 흡연자의 기본권과 비흡연자의 기본권이 충돌하는 상황이 초래된다.

그런데 흡연권은 위와 같이 사생활의 자유를 실질적 핵으로 하는 것이고, 혐연권은 사생활의 자유뿐만 아니라 생명권에까지 연결되는 것이므로 혐연권이 흡연권보다 상위의 기본권이라 할 수 있다. 이처럼 상하의 위계질서가 있는 기본권끼리 충돌하는 경우에는 상위기본권우선의 원칙에 따라 하위기본권이 제한될 수 있으므로, 결국 흡연권은 혐연권을 침해하지 않는 한에서 인정되어야 한다.

어떠세요? 흡연권 vs 혐연권, 여러분은 헌법재판소의 결정에 동의하나요? 아울러 여러분 주변에서 권리가 서로 충돌하는 경우를 찾아보면서 토론해보면 어떨까요?

기본권도
제한될 수 있나요?

기본권과 기본권이 충돌하는 경우 상위기본권을 우선으로 하는 원칙에 따라 하위기본권이 제한될 수 있다는 것을 알게 되었습니다. 우리는 앞서 헌법에서 기본권 제한이 명시되어 있는 내용을 살펴보기도 했습니다. 어떤 건지 기억하나요? 바로 정당 설립 자유의 제한입니다. 헌법 제8조에서는 정당은 그 목적·조직과 활동이 민주적이고 국민의 정치적 의사 형성 참여에 필요한 조직을 가지는 한에서 설립의 자유를 가지고 있습니다. 다만 이를 위반했을 때는 강제로 정당을 해산할 수도 있었고요. 이 외에도 헌법 제21조에서는 언론·출판의 자유를 보장하면서도 다른 사람의 명예나 권리 등의 침해를 금지하고 있습니다.

제21조

① 모든 국민은 언론·출판의 자유와 집회·결사의 자유를 가진다.

④ 언론·출판은 타인의 명예나 권리 또는 공중도덕이나 사회윤리를 침해하여서는 아니된다. 언론·출판이 타인의 명예나 권리를 침해한 때에는 피해자는 이에 대한 피해의 배상을 청구할 수 있다.

헌법상 이러한 명시적 제한이 없다 하더라도 기본권이 무조건 보장되는 것은 아닙니다. 헌법 제37조 제2항에서는 다음과 같이 국가안전보장, 질서유지, 공공복리를 위해 제한할 수 있다고 되어 있습니다. 다만 이러한 경우에도 자유와 권리의 본질적인 내용을 침해할 수 없다고 규정하고 있습니다.

제37조

② 국민의 모든 자유와 권리는 국가안전보장·질서유지 또는 공공복리를 위하여 필요한 경우에 한하여 법률로써 제한할 수 있으며, 제한하는 경우에도 자유와 권리의 본질적인 내용을 침해할 수 없다.

헌법재판소는 법률이 국민의 기본권을 침해할 때 이것이 과연 정당한지를 다음의 4가지 측면에서 포괄적으로 살펴봅니다.

첫째, 목적의 정당성
이 법률은 정당한 목적을 가지고 만들어졌는가?

둘째, 수단의 적절성
이 법률을 통해서 그 목적을 적절하게 달성할 수 있는가?

셋째, 피해의 최소성
이 목적을 달성하기 위한 여러 가지 방법 중에 이러한 제한이 국민들의 기본권 침해를 최소화하는 방법인가?

넷째, 법적 이익의 균형성
이 법률을 통해 이루려고 하는 공익과 그 과정에서 침해되는 국민들의 기본권을 비교해보면 어떤 것이 더 중요한가?

이러한 원칙을 과잉금지의 원칙이라고 합니다. 아직은 너무 추상적이라 선뜻 이해하기 어렵나요? 구체적인 이해를 돕기 위해 실제 사건들을 바탕으로 이 원칙들이 어떻게 적용되었는지 살펴보겠습니다.

▌필요성은 정당하지만,
▌수단과 방법의 최소한도를 벗어난 위헌 사례

먼저 '신체과잉수색행위'[4]에 관한 사건입니다. 청구인들은 공식 선거운동원으로 등록하지도 않은 채 배포 금지된 인쇄물을 선거 기간 중 무단으로 배포했습니다. 이러한 행위가 법에 위반되어 체포되었죠. 이들은 여성으로서 변호인 접견 이후 유치장에 재수용되는 과정에서 신체수색을 받았습니다. 유치장 담당 여자경찰관은 이들이 행여 흉기 등 위험물 및 반입이 금지된 물품을 가지고 있거나 숨기고 있는지 확인하고자 했습니다. 이 과정에서 경찰관에게 등을 보인 채 뒤로 돌아선 채 상의를 속옷과 함께 겨드랑이까지 올렸고, 하의는 속옷과 함께 무릎까지 내린 상태에서 3회에 걸쳐 앉았다 일어서기를 반복했습니다. 청구인들은 자신들에게 모욕감과 수치심을 안겨준 정밀신체수색이 헌법 제12조의 신체의 자유, 제10조의 인간으로서의 존엄과 가치 및 행복추구권 등 기본

....
4. 2002. 7. 18. 2000헌마327

권 침해에 해당한다며 헌법소원심판을 청구했죠. 이에 대해 헌법재판소는 과잉금지의 원칙에 따라 다음과 같이 판단했습니다.

먼저 목적의 정당성에 대한 판단입니다. 유치장에 수용되는 자에 대하여 실시하는 신체검사는 수용자의 생명·신체에 대한 위해를 방지하기 위함이라고 보았습니다. 또한 유치장 내의 안전과 질서를 유지하기 위하여 흉기 등 위험물이나 반입금지 물품의 소지·은닉 여부를 조사하는 것이라며 목적의 정당성을 인정했습니다.

다음으로 수단의 적절성입니다. 앞서 설명한 이러한 자세한 신체검사 이외의 다른 방법, 예컨대 외부로부터의 관찰 등으로는 위 물품을 찾아내기가 어렵다고 보았습니다.

세 번째로 피해의 최소성과 관련해서는 수용자에 대한 기본권 침해의 여지를 최소화하는 수단과 방법으로 실시되는 경우에 한해 허용된다고 보았습니다. 바로 여기에서 문제가 생겼습니다. 먼저 이들은 선거법 위반 현행범으로 붙잡힌 여자들로서 체포될 당시 흉기 등 위험물을 소지하거나 숨기고 있을 가능성이 거의 없었습니다. 또한 체포되어 처음 유치장에 수용될 당시 이미 신체검사를 통하여 흉기 등을 소지했는지 조사를 마쳤죠. 그리고 변호인을 만날 때는 경찰관이 눈에 보이는 거리에서 일일이 감시하였습니다. 따라서 청구인들이 유치장에 재수용되는 과정에서 흉기 등 위험물이나 반입이 금지된 물품을 가지고 있거나 숨기고 있을 가능성은 극히 낮았다고 보았죠. 그럼에도 또다시 수색의 명목으로 이들의 옷을 전부 벗기다시피 한 상태에서 앉았다 일어서기를 반복하게 했던 것입니다. 이는 명예와 자존심 등을 심하게 손상하는 행위로서 수단과 방법에 있어서 필요 최소한의 범위를 명백하게 벗어난 조치였다고 보았습니다. 따라서 헌법의 제10조의 인간의 존엄과 가치로부터 유래하는 인격권 및 제12조의 신체의 자유를 침해했다고 보았죠.

▌법적 이익의 균형상
▌감수되어야 할 기본권 제한으로 본 합헌 사례

앞선 사건과 반대로 기본권 제한이 과잉금지의 원칙에 위배되지 않는다고 판단한 헌법재판소의 판단도 함께 살펴보겠습니다. 바로 '담배자동판매기 설치 금지 조례' 사건[5]입니다. 청구인은 담배자동판매기를 이용하여 담배소매업을 하던 사람들이었습니다. 그런데 이들의 업장 지역 내에서 청소년 흡연 방지를 위해 해당 지역 내에는 담배 자판기를 설치할 수 없도록 하는 내용의 조례가 지방자치단체의 의결로 제정되었습니다. 이로 인하여 헌법상 보장된 직업선택의 자유 등 기본권을 침해당하고 있다고 주장하며 헌법소원을 청구한 것입니다.

헌법재판소는 먼저 목적의 정당성에 대해 다음과 같이 판단했습니

....
5. 1995. 4. 20. 92헌마264

다. "담배가 해롭다는 것은 널리 알려져 있으며 특히 육체적·정신적으로 미숙한 청소년의 건강에는 더욱 해롭다."고 했습니다. 그뿐만 아니라 "청소년의 흡연은 음주, 약물남용 등으로 이어지고 다시 청소년 범죄로 옮겨갈 수 있다."고 했죠. 두 번째로 수단의 적절성에 대해서는 자판기를 통한 담배판매는 청소년의 담배 구입을 막기 어렵다는 점을 근거로 들었습니다. 더 나아가 판매자와 직접 마주치지 않는 익명성, 비노출성으로 인하여 청소년으로 하여금 심리적으로 담배 구입을 용이하게 할 수 있다 했습니다. 세 번째 피해의 최소성에 대해서는 성인출입업소를 제외한 모든 장소에 대하여 자판기의 설치·사용을 제한하지 않는 한 본래의 목적을 달성하기 어렵다고 보았습니다. 마지막으로 법적 이익의 균형상 공익적 목적이 크기 때문에 비록 담배 소매인의 직업 수행의 자유가 다소 제한되더라도 감수되어야 한다고 했습니다.

어떠세요? 기본권 제한의 필요성과 한계에 대해 조금은 이해가 되었나요? 간략히 정리하면 첫째, 제한하는 목적이 정당한지, 둘째, 그 목적을 제한하는 수단은 적절한지, 셋째, 그로 인해 개인이 입는 피해는 최소화되어 있는지, 끝으로 공익과 사익을 잘 비교하고 있는지를 기준으로 헌법 위반 여부를 판단하게 됩니다.

다음 장에서 좀 더 다양한 사례들을 통해 기본권의 실체를 확인해볼 것입니다. 방금 정리한 4가지 질문을 머릿속에 기억하며 기본권이 제한되고 있는 사례들을 살펴본다면 기본권의 본질을 좀 더 구체적으로 이해하는 데 도움이 될 것입니다.

05

우리 헌법이 수호하는 기본권에는 어떤 것들이 있는가?

헌법은 국민의 '기본권'을 보장한다고 이야기했습니다. 즉 오직 나의 권리만을 보장하는 것이 아니라 다른 사람들의 권리도 함께 보장하는 뜻입니다. 특히 앞서 헌법소원 사례로 살펴본 것처럼 권리라고 해서 무한정 보장되는 것도 아닙니다. 때론 권리끼리 충돌할 수도 있고, 필요하다면 권리를 제한하기도 하죠. 또 권리를 누리기 위해서는 반드시 지켜야 할 책임도 있고요.

그런데 헌법이 보장하는 권리라는 것이 대체 우리 삶에서 뭐가 그리 중요한지는 여전히 애매하게 느껴질지 모릅니다. 헌법이 보호하는 권리는 '어떤 일을 당연히 할 수 있는 힘'이라고도 표현할 수 있습니다. 마치 숨을 쉬려면 공기가 당연하게 필요하지만, 평소 공기의 소중함을 느끼지 못하고 살아가는 것과 비슷합니다. 우리나라 헌법은 인간의 존엄권, 행복추구권, 인권 등을 국민의 기본권으로 수호합니다. 또한 국민의 평등권, 자유권, 참정권, 청구권, 사회권 등도 보호하죠. 3장에서는 사례를 통해 좀 더 구체적으로 실체를 들여다보겠지만, 그 전에 각각의 기본권 개념에 대해서 간략히 정리하면 다음과 같습니다.

인간의 존엄권·행복추구권·인권, "모든 기본권의 이념적 출발점"

앞서 헌법 제10조에서는 인간의 존엄권, 행복추구권, 인권에 대해서 규정하고 있다고 했습니다. 제10조에서 말하는 인간의 존엄은 개인은 모두 가치가 있고 존중받고 윤리적인 대우를 받을 권리를 타고났다는 의미입니다. 이는 다른 모든 기본권의 출발점이기도 합니다. 모든 인간은 그저 인간이라는 이유 하나만으로도 한 사람 한 사람 모두가 존엄하고 가치 있는 존재입니다. 인종이 다르다거나, 장애가 있다고 해서 덜 존엄한 것은 아닙니다. 우리는 모두 똑같은 인간입니다. 따라서 여기에서 출발한 인간의 존엄권, 행복추구권, 인권은 모든 기본권의 이념적 출발점이라고 할 수 있습니다. 행복추구권은 행복을 추구할 수 있는 권리로 1980년 헌법에서부터 보장하고 있습니다.

제10조 모든 국민은 인간으로서의 존엄과 가치를 가지며, 행복을 추구할 권리를 가진다. 국가는 개인이 가지는 불가침의 기본적 인권을 확인하고 이를 보장할 의무를 진다.

평등권, "같은 것은 같게, 다른 것은 다르게"

모든 국민은 평등합니다. 성별, 종교, 사회적 신분에 의하여 차별받지 않아야 합니다. 평등권은 헌법 제11조에서 규정하고 있죠.

제11조

① 모든 국민은 법 앞에 평등하다. 누구든지 성별·종교 또는 사회적 신분에 의하여 정치적·경제적·사회적·문화적 생활의 모든 영역에 있어서 차별을 받지 아니한다.

② 사회적 특수계급의 제도는 인정되지 아니하며, 어떠한 형태로도 이를 창설할 수 없다.

③ 훈장 등의 영전은 이를 받은 자에게만 효력이 있고, 어떠한 특권도 이에 따르지 아니한다.

다만 절대적 평등이 아닌, 합리적 근거로 차별을 허용하는 상대적 평등입니다. 이를 '같은 것은 같게, 다른 것은 다르게' 원칙이라고 하죠. 즉 같은 것을 다르게 또는 다른 것을 같게 다루면 평등하지 않은 것입니다. 또 차이를 고려하지 않고 무조건 똑같은 기회를 주는 형식적 평등도 아닙니다. 결과적 불평등을 배제하기 위해 개인의 조건이나 한계를 고려해서 기회를 주는 실질적 평등이죠.

자유권, "국가권력에서 보호하는 개인의 자유"

자유권은 다음처럼 제12조에서 제22조까지 총 11개의 조문으로 구성되어 있습니다.

신체의 자유: 12, 13조

거주 · 이전의 자유: 14조

직업선택의 자유: 15조

주거의 자유: 16조

사생활의 비밀과 자유: 17조

통신의 비밀과 자유: 18조

양심의 자유: 19조

종교의 자유: 20조

언론 · 출판, 집회 · 결사의 자유: 21조

학문과 예술의 자유: 22조

자유권은 국가 권력으로부터 개인의 자유를 보장하기 위한 권리라고 할 수 있습니다. 다시 말해 개인의 자유로운 생활에 대하여 국가의 간섭이나 침해를 받지 않을 권리입니다. 자유권은 앞서 정리한 것처럼 다양한 자유들로 나뉩니다.

참정권,
"정책 결정에 참여하거나 대표자를 뽑을 권리"

참정권은 국민이 정치의사 형성이나 정책 결정에 참여하거나 공무원을 선출하거나 직접 공무원으로 선출 또는 선임될 수 있는 권리입니다. 대한민국 주권은 국민에게 있다고 헌법에 명시합니다. 주권을 행사하는 가장 기본적인 방법이 바로 투표죠.

우리나라 헌법은 국가의 주권자인 국민이 국가의 정책 결정에 직접 참가하거나 대표자를 뽑는 선거에 참여할 수 있는 권리인 참정권을 보장합니다. 우리나라 남녀 18세 이상이면 선거권을 갖는 것 또한 참정권의 하나입니다. 다음의 제24조와 제25조에 따라서 대표자도 뽑는 선거권을 가지며, 직접 국가 공직을 담당할 수 있는 공무담임권도 갖습니다.

제24조

모든 국민은 법률이 정하는 바에 의하여 선거권을 가진다.

제25조

모든 국민은 법률이 정하는 바에 의하여 공무담임권을 가진다.

청구권,
"국가에 적극적으로 행위를 요구할 권리"

청구권은 국민들의 권리나 이익이 침해되거나 침해될 우려가 있을 때, 국가에 대하여 적극적으로 일정한 행위를 요구할 수 있는 권리입니다. 이는 자유권과 함께 고전적인 기본권입니다. 또한 권리나 이익을 확보하기 위해 국가에 대하여 일정한 행위를 요구할 수 있다는 의미에서 적극적인 권리입니다. 세부적으로 청원권, 재판청구권, 형사보상청구권, 국가배상청구권 등이 있습니다. 예컨대 누명을 쓰고 오랜 세월 옥살이를 해야 했다면 당연히 그 억울한 시간에 대해 국가가 보상을 해줘야 하겠죠? 이처럼 잘못된 재판의 결과로 인한 피해 보상을 청구하는 권리도 청구권에 포함됩니다. 헌법에는 다음과 같이 명시됩니다.

헌법 제28조

형사피의자 또는 형사피고인으로서 구금되었던 자가 법률이 정하는 불기소처분을 받거나 무죄판결을 받은 때에는 법률이 정하는 바에 의하여 국가에 정당한 보상을 청구할 수 있다.

사회권,
"함께 더불어 살아가는 세상을 위하여"

사회권은 모든 사회 구성원들의 인간다운 생활을 보장하기 위해 국가에 적극적인 배려를 요구하는 권리입니다. 국가가 경제적 약자도 더불어 살아갈 수 있도록 하는 사회적 기본권이죠. 이 역시 적극적 권리에 해당합니다. 자유권이 국가로부터 개인의 자유를 추구한다면 사회권은 국가의 적극적인 개입과 간섭을 필요로 합니다. 현대 복지 국가에서는 사회권의 중요성이 점차 더 커지고 있습니다. 다만 헌법재판소는 이때 인간다운 생활 보장을 '최대한'의 실현이 아니라 '최소한'의 보장으로 보고 있습니다. 이에 관해 헌법 제31조에서 36조까지 규정되어 있는데 이 중에서 주요 조문만 일부 소개하면 다음과 같습니다.

제32조

① 모든 국민은 근로의 권리를 가진다. 국가는 사회적 · 경제적 방법으로 근로자의 고용의 증진과 적정임금의 보장에 노력하여야 하며, 법률이 정하는 바에 의하여 최저임금제를 시행하여야 한다.

제34조

① 모든 국민은 인간다운 생활을 할 권리를 가진다.

② 국가는 사회보장 · 사회복지의 증진에 노력할 의무를 진다.

③ 국가는 여자의 복지와 권익의 향상을 위하여 노력하여야 한다.

④ 국가는 노인과 청소년의 복지향상을 위한 정책을 실시할 의무를 진다.

⑤ 신체장애자 및 질병·노령 기타의 사유로 생활 능력이 없는 국민은 법률이 정하는 바에 의하여 국가의 보호를 받는다.

⑥ 국가는 재해를 예방하고 그 위험으로부터 국민을 보호하기 위하여 노력하여야 한다.

제35조

① 모든 국민은 건강하고 쾌적한 환경에서 생활할 권리를 가지며, 국가와 국민은 환경 보전을 위하여 노력하여야 한다.

어떤가요? 하지만 아마도 위와 같은 규정과 개념 설명만으로는 기본권을 이해하는 데 충분하지는 않을 거라고 짐작합니다. 그만큼 기본권은 추상적이고 광범위한 것이니까요. 그래서 다음 장에서는 본격적으로 국내외 헌법재판 사례들을 살펴보려고 합니다. 이 사례들을 통해 헌법재판을 통해 기본권이 어떻게 우리 현실로 구체화되는지 이해할 수 있을 것입니다. 아울러 헌법재판소의 판결이 시대의 공정과 정의를 어떻게 담아내고 있는지도 함께 살펴보면서 기본권의 의미에 관해서도 다시 한번 생각해보았으면 합니다.

"헌법, 국민의 기본권을 지켜라!"

헌법의 중요한 역할 중 하나는 바로 국민의 '기본권' 보장입니다. 다만 기본권이라는 것이 워낙 추상적이고 광범위하다 보니 실제 사건을 통한 재판, 즉 헌법재판을 통해 구체화된다고 설명한 바 있죠. 이 장에서는 국내외의 다양한 헌법재판 사례들을 소개합니다. 이를 통해 헌법이 보장하는 기본권의 실체를 확인할 수 있을 뿐만 아니라 기본권은 서로 독립되었다기보다 긴밀히 연결되어 있음도 알게 될 것입니다. 나아가 헌법이 고정된 것이 아니듯, 헌법재판소의 판결도 세월의 흐름과 보편적 가치 변화에 맞게 달라짐을 알게 될 것입니다. 정의와 공정의 기준 또한 시대에 따라 바뀔 수 있으니까요. 이러한 사례들이 삶에서 헌법을 만나고 좀 더 친밀하게 다가가는 데 도움이 되었으면 합니다. 무엇보다 여러분의 관점에서 다시 생각해보았으면 합니다. 때론 판결에 동의할 수도 있을 것이고, 아닐 수도 있겠죠. 전혀 다른 부분에 초점을 맞춰 생각할 수도 있습니다. 헌법재판 또한 늘 만장일치가 나오는 것이 아니며, 다수의견뿐만 아니라 소수의견도 존중합니다. 다양한 생각과 토론이 이루어지기를 바랍니다. 토론을 통한 다양한 생각 나눔은 더 나은 문제해결 방안을 이끌어내는 지렛대가 될 테니까요. 다양성의 공존은 한층 성숙한 민주주의를 만들어가는 밑거름이 될 것입니다.

3장

헌법과 기본권

아무리 구치소라도
칼잠은 좀 심한 거 아니오!

첫 번째로 소개할 사례는 헌법에서 보장하는 인간의 존엄과 관련된 것입니다. 우리나라 헌법은 모든 인간의 존엄을 보장합니다. 여기에서 우리는 '모든'에 주목해야 합니다. 잘난 사람만 더 존중해주는 것이 아닙니다. 또 가난하고 힘없는 사람이라고 덜 존엄하게 취급하는 것도 아닙니다. 심지어 죄를 지은 사람이라고 해도 마찬가지입니다.

흔히 죄를 지으면 감옥에 간다고 말하죠. 우리나라에는 형이 확정된 죄인을 수감하는 교도소뿐만 아니라, 아직 어느 정도 벌을 받아야 하는지에 대해서 확정된 것은 아니지만 범죄를 저지른 사실이 어느 정도 밝혀져 구속영장[1]이 발부된 상태로 재판을 받는 사람들이 판결이 날 때까지 수용되는 시설인 구치소가 있습니다.[2]

죄수는
존엄을 침해당해도 싸다는 건가요?

구치소에 수감된 사람 중에는 범죄를 저지른 사실이 어느 정도 밝혀진 사람도 있지만, 아직 유죄인지 무죄인지 밝혀지지 않았거나 형량이 확정되지 않은 자도 수감되어 있습니다. 또 형은 확정되었지만, 만기까지의 형기가 1년 미만이며 비교적 가벼운 징역형을 선고받은 주로 초범인 재소자들도 포함되어 있습니다. 또한 재판에서 구속이 아닌 벌금형을 선고받았지만, 벌금을 납부하는 대신에 일정한 날짜를 노동함으로써 벌금을 대신하려는 이들도 구치소에 수감됩니다. 이처럼 생각보다 다양한 사람들이 모여 있는 곳이 바로 구치소입니다.

구치소에는 홀로 생활하는 독방도 있지만, 대체로 한 공간에서 여러 사람들이 함께 생활합니다. 교정시설이라는 성격상 당연히 고급 호텔 같은 안락함이나 다양한 편의가 제공되는 공간은 아닙니다. 그런데 아무리 그렇다고 해도 환경이 너무 열악하다며 이의를 제기한 사람이 있습니다. 즉 구치소 한 방에 너무 많은 인원이 생활하여 인간의 존엄과 가치가 침해되었다며 구치소 수감자 중

---

1. 범죄를 저질렀다고 의심받는 이들이 도망가지 않도록 구속하여 수사 및 재판을 진행하기 위해 검사가 요청하여 판사가 판단하여 발부하는 명령이다.
2. 또한 경찰서 내에 있는 준 형사수용시설인 유치장도 있다. 이곳에서는 1일 이상 30일 미만의 구금형인 구류형을 선고받는 자나 경찰에게 체포된 사람을 구속영장이 발부되기 전까지 임시로 유치하는 곳이다.

한 명이 헌법재판소에 심판을 청구한 것입니다.[3] 청구인은 심지어 한 방에 6인이나 수용되어 있었던 적도 있었는데, 이 경우 개인당 사용할 수 있는 면적이 불과 1.06㎡(0.32평) 정도였다고 했죠. 아마 수치만 보면 얼마나 좁은지 잘 와닿지 않을 것입니다. 이 정도 크기라면 바닥에 누웠을 때 우리나라 평균 신체조건인 성인 남성이 팔을 마음껏 펴기는 어렵습니다. 또한 어느 쪽으로 눕든 발을 다 뻗지 못하며, 다른 수형자들과 서로 부딪치지 않으려면 모로 누워 칼잠을 자야 할 정도로 매우 협소한 면적입니다.

헌법의 핵심 개념은
인간의 존엄과 가치

인간의 존엄과 가치가 침해되었다는 청구인의 주장에 대해 헌법 재판소는 먼저 헌법 제10조의 의미를 되새겼습니다. 헌법 10조는 다음과 같이 규정되어 있습니다.

> 모든 국민은 인간으로서 존엄과 가치를 가지며, 행복을 추구할 권리를 가진다. 국가는 개인이 가지는 불가침의 기본적 인권을 확인하고 이를 보장할 의무를 진다.

....
3. 헌재 2016.12.29. 2013헌마142

#모든_인간은_ #존엄과_ #가치를_가진다

헌법재판소는 헌법 제10조에서 규정한 인간의 존엄과 가치는 헌법 이념의 핵심으로, 국가는 헌법에 규정된 개별적 기본권을 비롯하여 헌법에 열거되지 아니한 자유와 권리까지도 보장하여야 한다고 했습니다. 해당 사안과 관련해 교정시설 내에 있는 이들이 인간다운 생활을 할 수 있는 최소한의 공간을 확보하는 것은 교정의 최종 목적인 재사회화를 달성하기 위한 가장 기본적인 조건이라고 보았습니다.

개인이 사용할 수 있는 면적이 불과 1.06㎡ 정도인 것은 인간으로서의 기본 욕구에 따른 생활조차 어려울 만큼 지나치게 협소하다고 헌법재판소는 보았던 것입니다. 이로 인해 신체적·정신적 건강이 악화되거나 인격체로서의 기본 활동에 필요한 조선을 박탈당하는 등 극심한 고통을 경험하였을 가능성이 크다며 헌법에 위반된다고 했습니다. 또 보충의견으로 수형자 1인당 최소한 2.58㎡ 이상 수용면적이 확보되어야 한다고도 했습니다. 다만 당장 교정시설을 개선하는 데 따른 현실적 어려움을 감안하여 상당 기간에 걸쳐 개선해나갈 것을 촉구한다고 했습니다.

비록 죄를 지은 처지라고 해도 어떠한 상황에서든 우리나라 헌법은 인간으로서 최소한의 존엄과 가치를 보장한다는 것을 새삼 확인할 수 있죠?

내 안전벨트 착용을
왜 국가가 하라 마라 강요해!

이번에 소개할 사례는 자유권 중에서 개인이 어떤 행위를 하거나 반대로 하지 않을 자유는 과연 어디까지 보장되는가에 관한 것입니다.

여러분도 승용차나 비행기, 고속버스 등을 탈 때, 안전벨트를 꼭 착용할 것입니다. 안전벨트는 자동차나 비행기 등 교통수단에 탑승했을 때, 혹시 모를 사고에 대비하여 운전자와 동승자의 사망률을 낮춰주기 위해 좌석에 부착된 일종의 보호용 벨트입니다. 좌석에 앉은 상태로 벨트를 착용하는 방식이라 '좌석벨트'라는 이름으로도 불리죠. 우리나라에서는 1990년대부터 안전벨트 착용이 의무화되었고, 차량 운전자와 앞좌석 동승자는 모두 안전벨트를 착용해야 합니다.

안전벨트 강요가
사생활 침해라고?

이제 안전벨트 착용은 많은 운전자들에게 자연스러운 습관처럼 자리를 잡았지만, 처음에는 다소 어색하고 불편해하는 사람들도 많았습니다. 워낙 오랜 시간 안전벨트 착용 없이 운전해온 습관 때문에 답답하게 여기거나 무심코 깜빡하는 운전자들도 종종 있었죠. 그런데 여기서 한 발 더 나아가 자신에게는 안전벨트를 착용하지 않을 권리가 있다고 주장한 사람이 있습니다. 청구인은 2002년에 자동차 안전벨트를 착용하지 않은 채 운전하던 중 경찰관에게 적발되어 범칙금 3만 원을 납부하게 되었습니다. 그러자 이것이 사생활의 비밀과 자유, 양심의 자유 등 헌법 제10조의 기본적 인권을 침해한다고 주장하면서 위헌확인을 구하는 헌법소원 심판을 청구했습니다.[4] 즉 안전벨트 착용 강요가 자신의 기본적인 인권을 침해했다고 주장한 거죠. 그의 주장에 따르면 개인이 안전벨트를 착용하지 않는다고 하더라도 본인에게는 위험할지언정 그로 인해 다른 사람에게 그 어떠한 피해도 입히지 않기 때문에 안전벨트의 착용 여부는 오롯이 개인의 판단에 맡겨야 하며, 국가가 이를 강제할 수 없다는 것이었죠. 청구인의 이러한 주장에 대해 헌법재판소는 어떻게 판단했을까요?

....
4. 헌재 2003.10.30. 2002헌마518

헌법상 자유는
무제한 보장되는 것이 아니다

헌법재판소는 일반적 행동자유권이란 헌법 제10조의 행복추구권을 근거로 한 모든 행위를 할 자유와 행위를 하지 않을 자유라고 보았습니다. 여기에는 가치 있는 행동만 포함되는 것이 아니라 신체 부상이나 때론 사망까지 감수하는 위험한 스포츠를 즐길 권리와 같은 위험한 생활방식으로 살아갈 권리도 포함됩니다. 그렇다면 안전벨트를 매지 않을 행동자유권도 인정될 것 같겠지만, 이전 장에서 살펴본 것처럼 헌법은 기본권을 무제한으로 보장하지 않습니다. 과잉금지원칙 기억하나요? 이를 다시 살펴봅시다.

첫째, 목적의 정당성
이 법률은 정당한 목적을 가지고 만들어졌는가?

둘째, 수단의 적절성
이 법률을 통해서 그 목적을 적절하게 달성할 수 있는가?

셋째, 피해의 최소성
이 목적을 달성하기 위한 여러 가지 방법 중에 이러한 제한이 국민들의 기본권 침해를 최소화하는 방법인가?

넷째, 법적 이익의 균형성
이 법률을 통해 이루려고 하는 공익과 그 과정에서 침해되는 국민들의 기본권을 비교해보면 어떤 것이 더 중요한가?

이번 사안에 대해 헌법재판소는 목적의 정당성, 수단의 적절성, 피해의 최소성은 쉽게 인정되는바, 법적 이익의 균형성을 주되게 살펴보았습니다. 즉 헌법재판소는 해당 사건에서 자동차 운전자에게 안전벨트를 매도록 함으로써 얻는 공익과 개인의 이익을 비교한 것입니다. 먼저 헌법재판소는 공익에 대해 "교통사고로부터 국민의 생명 또는 신체에 대한 위험과 장애를 방지하고 제거할 수 있으며, 이를 통해 교통사고로 인해 발생하는 사회적인 비용을 줄일 수 있다."고 했습니다. 반면 운전자에게 돌아가는 불이익이란 약간의 답답함이라는 경미한 부담에 불과하고, 안전벨트 미착용으로 부담하는 범칙금도 소액이라고 했죠. 즉 안전벨트의 착용으로 달성하려는 공익은 청구인의 안전띠를 매지 않을 자유라는 사익보다 훨씬 크며, 제도가 변화해온 과정과 현황을 종합하여 볼 때 청구인의 일반적 행동자유권이 과잉금지원칙에 위반되어 과도하게 침해된 것은 아니라고 판단했습니다.

또 사생활 영역에서도 안전벨트 착용 여부의 생활관계가 개인의 전체적 인격과 생존에 관계되는 사생활의 기본조건이라거나 자기결정의 핵심 영역 또는 인격적 핵심과 관련된다고 보기 어렵다고 했습니다. 따라서 안전띠 착용 의무가 청구인의 사생활 비밀과 자유를 침해하는 것이 아니며, 헌법에 위배되지 않다고 보았습니다.

03
여성의 자기결정권과 태아의 생명권이 충돌하다!

앞에서도 기본권은 서로 충돌할 수 있다고 했습니다. 헌법은 이런 경우에 과연 어떻게 판단할까요? 여기에서는 오랜 시간 뜨거운 논란이 이어져 온 낙태죄에 관한 판결을 살펴볼 것입니다. 낙태란 미성숙 상태의 태아를 자연분만 시기에 앞서서 인위적으로 산모의 몸 밖으로 배출하거나 살해하는 행위를 말합니다. 우리나라에서는 1953년 제정된 형법에서부터 임신한 여성의 '자기낙태'를 처벌해왔습니다. 그뿐만 아니라 낙태 행위를 도운 의사, 한의사, 조산원 등도 처벌을 해왔습니다. 다만 1973년에 제정된 모자보건법에서 예외적으로 인공임신중절수술을 허용하는 한계를 규정하고, 이에 해당하지 않으면 낙태를 제한했습니다. 허용하는 예외의 경우는 다음과 같습니다.

① 본인 또는 배우자가 우생학적 또는 유전학적 정신장애나 신체질환이 있는 경우

② 본인 또는 배우자가 전염성질환이 있는 경우

③ 강간 또는 준강간에 의하여 임신된 경우

④ 법률상 혼인할 수 없는 혈족 또는 인척 간에 임신된 경우

⑤ 임신의 지속이 보건의학적 이유로 모체의 건강을 심히 해하고 있거나 해할 우려가 있는 경우

낙태금지법과 자기낙태죄에 대한 헌재의 엇갈린 판단

형법 제269조 제1항에는 낙태죄에 대해 다음과 같이 적혀 있습니다.

부녀가 약물 기타 방법으로 낙태한 때에는 1년 이하의 징역 또는 200만 원 이하의 벌금에 처한다.

그런데 이처럼 낙태한 여성을 처벌하는 자기낙태죄 조항은 늘 여성의 자기결정권을 침해한다며 오랜 시간 논란이 되어왔습니다. 먼저 2012년에는 헌법재판소에서 낙태죄에 대한 합헌을 결정했죠. 당시 헌법재판소는 이러한 자기낙태죄 조항이 태아의 생명을 보호하기 위한 것으로서 정당한 입법목적 달성을 위한 적합한 수단으

로 임신한 여성의 자기결정권을 침해하지 않는다고 보았고, 낙태
금지법은 그대로 유지되었습니다. 하지만 헌법재판소의 합헌 결정
후에도 자기낙태죄에 대한 논란은 사그라들 줄 모르고 계속됩니
다. 즉 입법목적을 달성하기 위해 필요한 최소한의 정도를 넘어 여
성의 자기결정권을 과도하게 제한하기 때문에 침해의 최소성을 갖
추지 못했고, 태아의 생명 보호라는 공익에 대해서만 지나치게 절
대 우위를 부여한다는 주장이 계속 이어진 것입니다.

그리고 낙태죄가 합헌이라는 결정이 내려진 지 7년 만인 2019
년 헌법재판소는 낙태죄를 금지한 형법 269조 1항(자기낙태죄),
270조(의사낙태죄)에 대한 헌법소원 심판에서 9명 중 **헌법불합치** 4
명, 단순위헌 3명, 합헌 2명으로 판단되었습니다.[5] 앞서 살펴본 대
로 표결 결과 9인의 재판관 중 6인 이상이 찬성해야 법률에 대하
여 위헌을 결정할 수 있다고 했죠? 그럼 합헌일까요? 아닙니다. 왜
냐하면 헌법불합치도 위헌성은 인정하는 결정이니까요. 다만 입
법자의 입법 형성 자유를 존중하고 법의 공백과 혼란을 피하는 차
원에서 일정 기간 해당 법률의 외형은 존재하지만, 그 적용이 중
지되는 것이 헌법불합치 결정입니다. 따라서 결과적으로 헌법불
합치 4명, 단순위헌 3명 등 7명은 위헌이라고 판단을 한 것이지만,
단순위헌이 3명에 불과하기에 헌법불합치가 되었습니다.

즉 낙태죄를 폐지함으로써 생겨날 법적 공백을 우려하여 2020

....
5. 헌재 2019. 4. 11. 2017헌바127

년 12월 31일까지 현 규정의 효력을 유지하는 '헌법불합치'로 뜻을 모은 거죠. 앞서도 언급했지만, 단순위헌결정을 내리면 임신기간 전체에 걸쳐 행해진 모든 낙태를 처벌할 수 없게 되는 문제가 발생할 수 있다고 보았기 때문에 '헌법불합치'로 결정한 것입니다.

▍여성의 자기결정권과 태아 생명 보호 실현의
▍최적화 해법은?

재판부는 현재의 낙태죄 조항은 헌법에 위배되므로 국회에서 법을 바꿔서 태아의 생명 보호와 임신한 여성의 자기결정권의 실현을 최적화할 수 있는 해법을 마련하게 했습니다. 그럼 왜 2012년에는 합헌이라고 결정했던 사안에 대해 헌법재판소가 입장을 바꿔 위헌으로 판단한 걸까요?

먼저 헌법 제10조에서 보장하는 인간의 존엄성으로부터 개인의 일반적 인격권이 보장된다고 보았습니다. 일반적 인격권은 자유로운 인격 발현의 기본조건을 포괄적으로 하기에 개인의 자기결정권도 포함한다고 했고요. 그렇기에 모든 국민은 자신의 존엄한 인격권을 바탕으로 하여 자율적으로 자신의 생활영역에서 인격의 발현과 삶의 방식에 관한 근본적인 결정을 자율적으로 내릴 수 있습니다. 이러한 자기결정권과 '인간과 국가의 관계'는 남녀 구별이 없으므로 여성에게도 동일하게 적용되어야 하는 것은 당연한 일이죠.

특히 여성은 남성과 달리 임신, 출산을 할 수 있는데, 이에 관한 결정은 여성의 삶에 중대한 영향을 미친다고 보았습니다. 즉 임신한 여성이 일정한 범위 내에서 자신의 몸을 임신 상태로 유지하여 출산 여부를 어떻게 결정하는지에 따라 임신한 여성의 신체적 · 심리적 · 사회적 · 경제적 결과를 가져오게 됩니다. 따라서 임신한 여성이 자신의 임신을 유지 또는 종결할 것인지 여부를 결정하는 것은 스스로 선택한 인생관 · 사회관을 바탕으로 깊은 고민을 한 결과를 반영하는 자기결정의 영역이라고 본 것입니다.

과거 낙태죄는 앞서 모자보건법이 정한 일정한 예외(122쪽 참조)를 제외하고는 태아의 발달단계 혹은 독자적 생존 능력과 무관하게 임신기간 전체를 통틀어 모든 낙태를 전면적 · 일률적으로 금지해왔습니다. 만약 이를 위반할 경우에는 형벌을 부과해서 임신한 여성에게 임신의 유지 · 출산을 강제했기 때문에 임신한 여성의 자기결정권을 제한한다고 보았습니다.

또한 낙태 허용 여부에 관한 논쟁은 생성 중인 생명 내지 아직 출생하지 않은 생명에 대한 근원적 문제와 깊은 관련이 있는 까닭에 윤리적 · 종교적 · 과학적 · 의학적 · 사회학적 관점 등을 포함한 다양한 관점에서 논의가 이루어지고 있다고 했습니다. 따라서 낙태의 허용 여부에 대한 각자의 생각과 결론은 그 자체가 신념으로서 존중받아야 하는 것이고, 이에 대한 옳고 그름을 섣불리 판단할 수 없다고 보았죠.

물론 국가는 태아의 생명도 보호할 의무가 있습니다. 다만 헌법재판소는 임신한 여성의 안위는 태아의 안위와 깊은 관계가 있고, 태아의 생명 보호를 위해 임신한 여성의 협력이 필요하다는 점을 고려해야 한다고 했습니다. 따라서 태아의 생명 보호는 임신한 여성의 신체적·사회적 보호를 포함할 때 실질적인 의미를 가질 수 있다고 했습니다. 즉 원하지 않은 임신을 예방하고 낙태를 감소시킬 수 있는 사회적·제도적 여건을 마련하는 등 사전적·사후적 조치를 종합적으로 투입하는 것이 태아의 생명 보호를 위한 실질적인 효과가 있는 수단이 될 수 있다고 했습니다. 또한 임신한 여성이 결정 가능기간 중에 낙태 갈등 상황에 처했을 때 전문가로부터 정신적 지지와 충분한 정보를 제공받으면서 충분히 숙고한 후 임신 유지 여부에 대한 결정을 내릴 수 있도록 해야 한다고 했습니다. 아울러 임신·출산·육아에 장애가 되는 사회적·경제적 조건을 적극적으로 개선하는 노력을 기울인다면 태아의 생명 보호에 실질적인 도움이 될 것이라고 보았습니다.

2022년 미국 연방대법원이 낙태권을 폐지하는 판결을 내림에 따라 미국 사회가 낙태권 찬반 입장으로 갈려 들썩이고 있습니다. 이로 인해 노예제 폐지 후 미국 사회 최대의 분열이 일어나고 있다는 평가마저 있습니다. 연방대법원 판결에 대한 찬반문제는 논외로 두고, 이처럼 국내외를 막론하고 헌법과 헌법재판 결과는 달라질 수 있습니다. 지금의 대다수가 정의롭다고 믿는 것들도 마찬가지입니다. 시대에 따라 대중의 의식 수준에 따라 진화해온 것처럼 헌법도 헌법재판도 진화를 거듭해 나갈 것입니다.

04

청소년 대상 성범죄를 저지른 파렴치범의 신상을 공개한다!

이번 사례는 인격권에 관한 것입니다. 뉴스 화면에서 마스크와 푹 눌러쓴 모자로 얼굴을 꽁꽁 가린 범죄자가 등장하는 장면을 본 적이 있을 것입니다. 대한민국 헌법은 국민 모두의 인권을 수호합니다. 앞선 구치소 사용 공간 사례에서 보았듯 그 대상이 범죄자라고 해도 마찬가지입니다. 비록 죄를 저질렀다고 해도 국민의 한 사람이다 보니 인격권을 보호하는 차원에서 일부 범죄자를 제외하고 초상권을 보호하고, 신상도 공개하지 않습니다. 초상권이란 자기 모습의 그림이나 사진이 승낙 없이 전시되지 않을 권리입니다.

요즘 들어 부쩍 악질적이고 잔인한 범죄 소식이 들려옵니다. '어떻게 인간의 탈을 쓰고 저럴 수 있나?' 하는 생각이 절로 들 만큼

#파렴치한_범죄자의_#일반적_인격권이냐_#청소년_#성보호냐

죄질이 불량한 범죄자들도 많습니다. 특히 n번방 사건[6], 정인이 사건[7] 등등 국민 대다수가 경악을 금치 못할 만한 파렴치하고 잔혹한 범죄자가 등장할 때마다 범죄자의 신상공개 여부를 두고 뜨거운 논란이 벌어지기도 합니다. 이에 우리나라는 사안에 따라서는 범죄자의 얼굴이나 신상을 공개하기도 합니다. 범죄인 신상을 공개할 때 경찰은 "범죄의 중대성과 공공의 이익 등을 고려해 신상공개를 결정하고 실행한다."고 발표하죠. 특히 우리나라는 청소년보호법에 따라 청소년 등을 대상으로 한 성범죄자에 대해서는 신상 공개를 원칙으로 하고 있습니다.

법원은 왜 그들의 신상을 만천하에 공개했나?

스마트폰이 생활필수품으로 자리잡으면서 초등학생, 심지어 유치원생들도 스마트폰을 갖고 다니는 시대입니다. 그래서인지 요즘에는 데이트어플이나 SNS 등을 통해 은밀한 조건만남이 이루어지고 있다고 합니다. 하지만 이러한 문제는 어제오늘의 일은 아닙니다. 1999년 폰팅과 인터넷 채팅을 통해 암암리에 퍼져나가던 원조

....
6. 텔레그램, 디스코드, 카카오톡 등의 메신저 앱을 이용해 피해자들을 유인하고, 이들을 협박해 성착취물을 찍게 한 후 유포한 디지털 성범죄, 성 착취 사건이다.
7. 입양 당시 8개월이었던 여아를 양부모의 지속적인 학대와 방임으로 결국 16개월에 사망에 이르게 한 사건이다.

교제가 적발되었고, 이것이 심각한 사회문제로까지 비화되었습니다. 원조교제란 10대 청소년이 용돈을 받고 성인과 성관계를 맺는 일로 엄연히 '청소년 성매매'에 해당합니다. 국회는 이런 일을 막기 위해 2000년 7월 「청소년의 성보호에 관한 법률」을 제정하였습니다. 이 법은 청소년 대상 성매수자 및 성폭력범죄자의 처벌과 신상 공개가 주된 내용이었습니다. 이에 따라 청소년 대상 성범죄자의 형량, 범죄유형, 대상청소년의 연령, 범행 수단, 범죄사실의 요지 등이 공개되었습니다. 그리고 2001년 170명의 범죄자의 신상정보가 정부중앙청사 및 특별시·광역시·도의 본청 게시판 등에 게시되었습니다. 하지만 법원은 청소년보호법의 청소년 대상 성범죄자에 대한 신상공개가 성범죄 근절을 도모하겠다는 입법취지와는 별개로 다음과 같은 이유로 헌법에 위반된다는 의심을 하게 됩니다.

> 신상공개제도는 '모든 국민은 동일한 범죄에 대해 거듭처벌되지 않는다' 는 '이중처벌금지의 원칙'에 위배된다.
> 신상공개제도가 형사제재의 일종으로 '처벌'에 해당된다고 전제할 때 법관에 의한 재판을 권리를 침해한다.

즉 신상공개제도가 성범죄 근절이라는 공익을 도모하기 위한 것이라는 점을 감안하더라도 법 논리상의 위헌요소가 있다고 본 거죠. 고민 끝에 법원은 헌법재판소에 위헌 여부를 판단해 달라고 청구했습니다.[8] 헌법재판소는 이 법안에 대해 합헌의견이 4명, 위헌의견이 5명으로 위헌의견이 다수였습니다. 비록 위헌 의견이 과반 이상이기는 하지만, 위헌정족수인 6인에 미달하여 신상공개제도는 헌법에 합치된다고 결정하였습니다. 그럼 각각 어떤 근거 하에서 의견이 갈렸을까요?

성매수자의 일반적 인격권
vs 청소년 성보호라는 공익적 요청

먼저 위헌 의견입니다. 인격권이 제한되는 사안이기에 앞에서 살펴본 것처럼 과잉금지원칙을 적용해서 검토한 것입니다. 즉 목적의 정당성, 수단의 적절성, 피해의 최소성, 법적 이익의 균형성 이 4가지를 종합적으로 판단해보는 것이죠. 청소년 성보호라는 목적은 정당한데 수단은 어떨까요? 신상공개제도는 소위 '현대판 주홍글씨'에 비견할 정도로 수치형과 매우 흡사한 특성을 지닌다고 보았습니다. 즉 범죄자를 독자적 인격의 주체로서 존중하기보다는 대중에 대한 전시를 통해 범죄퇴치 수단으로 취급하는 인상이 짙다고 했습니다. 그럼 피해의 최소성은 어떨까요? 이미 형벌까지 부과했음에도 형벌과 다른 목적이나 기능을 가지는 것도 아니면

....
8. 헌재 2003. 6. 26. 2002헌가14

서, 어떤 면에서 형벌보다 더 가혹할 수도 있는 신상공개를 하도록 한 것은 국가공권력의 지나친 남용이라고 했습니다. 끝으로 법적 이익의 균형성을 따져보았습니다. 신상공개로 인해 공개 대상자의 기본적 권리가 심대하게 훼손되는 데에 비해 그 범죄억지의 효과가 너무도 미미하거나 불확실한 바, 이러한 점에서도 법익의 균형성도 현저히 잃고 있다고 판단했습니다.

반면 합헌 의견은 신상공개제도는 범죄자 본인을 처벌하려는 것이 아니라, '청소년의 성보호'라는 우리 사회에 있어서 가장 중요한 공익을 지키는 데 있기에 목적이 정당하다고 했습니다. 이 부분은 앞서 위헌 의견과 같습니다. 그런데 수단의 적절성과 피해의 최소성에 대한 의견이 다릅니다. 또한 신상공개제도는 "성명, 연령, 직업 등의 신상과 범죄사실의 요지"를 공개하는 것인데, 이는 이미 공개된 형사재판에서 유죄가 확정된 형사판결이라는 공적 기록의 내용 중 일부를 국가가 공익을 목적으로 공개하는 것이라고 했습니다. 또한 신상과 범죄사실이 공개되는 범죄인들은 이미 국가의 형벌권 행사로 인하여 해당 기본권의 제한 여지를 일반인보다는 더 넓게 받고 있다고 보았습니다. 무엇보다 의견이 엇갈린 부분은 법적 이익의 균형성에 대한 부분입니다. 청소년 성매수자의 일반적 인격권과 사생활의 비밀의 자유가 제한되는 정도는 청소년 성보호라는 공익적 요청에 비해 작다고 했습니다.

이처럼 헌법재판관들 간에도 의견이 서로 크게 엇갈린 사안이었던 만큼 판결 이후에도 사회적으로 논란이 뜨거웠습니다. 결국

2007년에는 일반신상공개제도를 사실상 폐지하고, 정보등록 및 열람제도를 확대·강화하였습니다. 그리고 2009년에는 법원의 공개명령제도를 도입하고 여성가족부가 정보통신망을 통해 공개하도록 했습니다. 이후 2010년 여성가족부는 '성범죄자 알림e사이트'[9]를 개설하여 성범죄자의 신상정보조회를 가능하게 하였습니다.

　여러분의 생각은 어떠세요? 일반 신상공개제도는 청소년 성범죄자의 인격권을 제한하는 목적이 정당하다고 생각하나요? 또 그 목적을 제한하는 수단은 적절하다고 생각하나요? 아울러 그로 인해 개인이 입는 피해는 최소화되어 있을까요? 끝으로 공익과 사익도 비교하며 토론해봅시다.

....
9. 사이트주소는 https://www.sexoffender.go.kr/indexN.nsc이다.

05

공무원 시험에
군 가산점이 웬 말인가요?

이번 사례는 평등권에 관련된 것입니다. 최근 남녀 갈등을 넘어 서로에 대한 혐오가 사회문제로 떠오를 만큼 심각합니다. 특히 20대 남성를 뜻하는 '이대남'은 태어나서 한 번도 남자라서 여자보다 유리했던 기억이 없는 것 같은데, 남자라는 이유로 자꾸 이런저런 양보를 강요받는다며 강한 불만을 표출합니다. 한편 20대 여성인 '이대녀'는 아직도 우리 사회 전반에는 구조적으로 여성에 대한 차별이 만연하며, 여성에 대한 성상품화는 물론 N번방 같은 성 착취물 등 날로 진화하는 여성 대상 성범죄에 무분별하게 노출되어 있다고 주장합니다. 이들은 2022년 대선에서도 극명하게 입장이 나뉘며 존재감을 드러냈죠. 하지만 성별 갈등은 어제오늘 갑자기 불거진 것이 아닙니다. 성차별에 관한 이슈가 부각될 때마다 양측은 양보 없이 서로 팽팽하게 맞서곤 했죠. 특히 1999년에 판결이 난 헌법재판 판례는 이와 같은 젠더 이슈와 관련하여 매우 유명한 판결로 꼽힙니다. 바로 공무원시험에서 군필자에 대한 가산점을 주는 것에 대해 여성들이 헌법소원심판을 청구한 사건입니다.[10]

군 가산점이
직업선택의 자유와 평등권을 침해한다?

청구인들은 당시 대학교 4학년에 재학 중이던 여성들이었습니다. 이들은 7급 또는 9급 국가공무원 공개경쟁채용시험에 응시하기 위하여 준비 중이었죠. 당시에는 만약 제대군인이 6급 이하의 공무원 또는 공·사기업체의 채용시험에 응시하는 경우 필기시험의 각 과목별 득점에 각 과목별 만점의 5퍼센트 또는 3퍼센트를 가산하도록 규정하고 있었습니다. 제대군인이라면 100점 만점인 과목에서 3점이나 5점 정도 점수를 더 받아가는 것입니다. 불과 몇 점 차이로 당락이 결정되는 만큼 여성들은 이러한 제도가 자신들의 헌법상 보장된 평등권, 공무담임권, 직업선택의 자유 등을 침해하고 있다고 주장하면서 헌법소원심판을 청구했습니다. 이러한 주

....
10. 헌재 1999. 12. 23. 98헌마363

#군_가산점제도_ #여성의_평등권_침해_ #위헌!

장에 대해 헌법재판소는 어떻게 판단했을까요? 결론부터 말하면 헌법재판관 9인 전원이 평등권을 침해한다고 판단했습니다. 지금부터 헌재의 판단 이유를 살펴봅시다.

헌법재판소는 전체 여성 중에는 극히 일부만이 제대군인에 해당될 수 있는 반면, 남자는 대부분이 제대군인에 해당하므로 가산점제도는 실질적으로 성별에 의한 차별이라고 보았습니다. 다만 이러한 차별이 평등권에 위배되는지는 다시 심사가 필요했죠. 평등권 위반 여부 심사는 엄격한 심사척도에 의하거나 반대로, 완화된 심사척도에 의할 수도 있습니다. 이때 헌법에서 특별히 평등을 요구하고 있는 경우와 차별적 취급으로 인하여 관련 기본권에 대한 중대한 제한을 초래하는 경우에는 엄격한 심사척도가 적용되어야 합니다. 가산점제도는 헌법 제32조 제4항이 특별히 남녀평등을 요구하고 있는 '근로' 내지 '고용'의 영역에서 남성과 여성을 달리 취급하는 제도이고, 또한 헌법 제25조에 의하여 보장된 공무담임권이라는 기본권의 행사에 중대한 제약을 초래하는 것이기 때문에 엄격한 심사척도가 적용되어야 한다고 보았습니다.

이렇게 엄격한 심사척도로 판단했을 때, 군 가산점제도는 여성의 평등권을 침해하므로 위헌이라 판단했습니다. 먼저 가산점제도는 아무런 재정적 뒷받침 없이 제대군인을 지원하려 한 나머지, 즉 결과적으로 여성과 장애인 등 이른바 사회적 약자들의 희생을 초래하고 있으므로 정책 수단으로서의 적합성과 합리성을 잃었다고 보았습니다. 또 가산점제도는 수많은 여성들의 공직 진출에 대한 희망에 걸림돌이 되고 있으며, 불과 영점 몇 점 차이의 근소한 점수 차로 당락이 좌우되는 현실에서 합격 여부에 결정적 영향을 미치다 보니 가산점을 받지 못하는 사람들을 6급 이하의 공무원 채용에 있어서 실질적으로 거의 배제해버리는 결과를 초래한다고 보았죠. 따라서 차별 취급을 통하여 달성하려는 입법목적의 비중에 비하여 차별로 인한 불평등의 효과가 극심하므로 가산점제도는 차별 취급의 비례성을 상실하고 있다고 했습니다.

그럼 남자만 의무적으로 군대 가는 것도 위헌 아닌가요?

결국 정부는 군 가산점제도를 폐지했습니다. 하지만 우리나라에서 군복무는 오직 남성의 의무인 만큼 군복무와 관련된 보상이 마련될 필요가 있었으나, 아직까지 제대로 된 군복무 보상은 마련되지 못했습니다. 병사 월급 현실화, 전역지원금, 제대후 취업지원 등이 대안으로 논의되고 있으며 그나마 병사 월급이 단계적으로 인상되어가고 있는 상황입니다. 2022년 기준 병사 월급은 △병장 67만6100원 △상병 61만200원 △일병 55만2100원 △이병 51만원입니다. 2017년을 기준으로 병사 월급이 21만6천 원이었기 때문에 5년 동안 3배 정도가 올랐습니다. 하지만 여전히 최저임금(2022년 기준 월 191만 원)의 3분의 1을 약간 넘는 수준에 불과합니다.[11]

그럼 다시 본질적인 문제로 돌아가 봅시다. 남성만이 의무적으로 군복무를 하는 제도에 대해서는 헌법재판소에서 어떻게 판단했을까요?[12] 이에 대해서는 헌법재판관 7인은 합헌, 2인은 위헌이라는 의견을 내어 합헌 판결이 나왔습니다.

먼저 합헌이라고 판단한 근거입니다. 집단으로서의 남자는 집단으로서의 여자에 비하여 전투에 좀 더 적합한 신체적 능력을 갖추고 있다고 보았습니다. 남녀 구분 없이 개개인의 신체적 능력에 기초한 전투 적합성을 객관화하여 비교하는 검사체계를 갖추는 것은 현실적으로 어렵다고 보았습니다. 또 신체적 능력이 뛰어난 여자의 경우에도 월경이나 임신, 출산 등으로 인한 신체적 특성상 병력 자원으로 투입하기에 부담이 크다고도 했습니다.

반면 위헌 의견은 국방의 의무 가운데 그 복무 내용이 신체적 조건이나 능력과 직접 관계되지 않는 의무까지도 남자에게만 부과하고 있기에 남자와 여자를 합리적 이유 없이 차별 취급하고 있다고 보았습니다. 이는 국방 의무의 자의적 배분으로서 남성의 평등권을 침해하여 헌법에 위반된다고 했습니다.

물론 세상에는 여성징병제를 도입하고 있는 나라들도 있습니다. 예컨대 북한, 이스라엘, 노르웨이, 스웨덴, 볼리비아, 차드, 모잠비크, 에리트레아 등 8개국이죠. 이스라엘은 여성 24개월, 남성

....
11. 최근 국방부의 발표에 따르면 현재 67만6천원인 병장 월급은 2023년에는 100만 원, 2024년에는 125만 원, 2025년에는 150만 원으로 인상하겠다고 밝혔다.
12. 헌재 2010. 11. 25. 2006헌마328

30개월을 각각 복무합니다. 단, 여성은 결혼과 임신, 종교 등으로 면제가 가능하므로 실제 전체 여성의 40~50%만 군대에 가는 것으로 알려져 있습니다. 이스라엘 여군의 4% 정도가 보병과 포병, 기갑 등 전투 임무를 수행할 뿐, 나머지는 주로 행정과 통신, 항공 통제 분야 등에서 근무한다고 합니다.

여러분은 어떻게 생각하세요? 여성의 평등권을 침해하지 않는 범위에서 군인들을 위한 보상은 어떻게 마련하면 좋을까요? 앞으로는 남녀 징병제로 해야 할까요? 징병제가 아닌 직업군인 모병제로 가야 할까요? 과연 어떤 선택이 양성의 기본권을 차별 없이 보장하는 방안일지 생각해봅시다.

흑인은 흑인끼리, 백인은 백인끼리 교육을 받으라고?

평등권에 관한 의미 있는 해외 사례가 있어 함께 살펴보았으면 합니다. 앞 장에서 살펴본 것처럼 미국의 헌법 탄생의 배경에는 영국과의 독립전쟁이 있습니다.

모든 인간이 동등하게 창조되었다며 독립했건만…

1776년 미국은 영국으로부터 독립을 선언하면서 "모든 인간이 동등하게 창조되었다는 것은 자명하다."고 선언했습니다. 이처럼 국민을 평등하게 보호할 권리를 분명하게 내세웠으나 건국 초기에는 다른 어느 자유주의 국가보다도 극심한 인종차별이 존재했습니다.

미국은 1783년에 영국과의 독립전쟁에서 승리합니다. 하지만 독립선언서처럼 모든 인간이 동등하게 자유를 얻은 것은 아니었습니다. 오직 백인들을 위한 절반의 자유나 마찬가지였죠. 특히 미국의 남부는 아프리카에서 흑인을 납치해서 공공연히 사고 팔았습니다. 이들을 노예로 삼아 남부의 주요 산업인 면화 재배에 동원해 노동력을 착취한 거죠.

면화 농업이 경제의 중심인 남부의 백인들은 노예제도를 유지하려 했고, 공업과 금융이 중심이던 북부는 노예 매매를 부정했습니다. 노예제도에 대한 시비와 함께 남북 및 각 지역 간 이해관계가 대립하는 등 복잡한 문제들이 얽히고설키며, 결국 1861년에 남북전쟁이 터지고 말았습니다. 1865년까지 4년 동안이나 남북전쟁이 지속된 끝에 62만 명의 사망자를 내고 북군의 승리로 끝나면서 마침내 노예제도가 폐지되었습니다. 그 결과 수정헌법 제13조에 노예제도 폐지를 담게 되었고, 1866년 수정헌법 제14조와 제15조가 제정되며 흑인에게도 백인과 마찬가지로 동등한 법적 권리와 선거권을 부여했습니다.

하지만 남부에 있던 북부 점령군이 철수하면서 남부의 백인들은 다시 정치적·사회적·경제적 주도권을 장악했습니다. 그리고 흑인들은 백인사회에 접근하지 못하도록 철저하게 차단했죠. 대표적으로 공공건물, 학교, 교통수단 등 모든 공공시설을 백인용과 흑인용으로 분리했던 것입니다. 그럼에도 연방대법원은 1896년에는 이것이 평등권 침해가 아니라고 판결했습니다. 분리되어 있지만, 이것이 불평등은 아니라는 '분리되었지만 동등하다(seperate but equal)'의 논리가 헌법상 원칙으로 인정된 것입니다.

▌ 분리교육은
▌ 평등권을 보장한 수정헌법에 위배된다

1930년대에 들어서면서 이러한 흑백분리 철폐를 위한 움직임이 흑인사회를 중심으로 일어나기 시작했습니다. 그리고 1954년 20세기 후반 미국 역사에서 가장 중요한 판결이 나왔습니다.[13] 연방대법원은 공립학교에서 흑인은 백인학교에 입학할 수 없고, 흑인 학생과 백인 학생을 분리시키는 것은 평등권을 보장한 수정헌법 제14조를 위반하는 것이라고 판결했습니다.

연방대법원은 인종에만 근거한 공립학교에서의 아동 분리교육은 유형적 요소가 평등하다고 해도 무형적 요소들에서 불평등하여 미국 수정헌법 제14조의 평등조항에 위배되어 위헌이라고 판시했습니다. 흑인학교와 백인학교에서 학교시설 및 기타 유형적 요소들이 평등하다는 것이 전부는 아니며, 공립학교에서의 흑백 분리교육은 분리정책 그 자체가 흑인 아동의 가슴에 풀릴 수 없는

....
13. 장호순, 《미국헌법과 인권의 역사》, 개마고원, 1998. 429-468쪽. 참조

#분리교육_#인종적_고정관념_#열등감_#평등권_위배_#위헌

'열등의식'을 심어준다고 보았습니다. 게다가 이는 흑인 아동의 학습동기에 악영향을 끼치면서 정신적·교육적 발전을 저해한다고 보았죠. 더 나아가 흑백인종이 통합된 교육에서 얻을 수 있는 이익들, 예를 들어 흑인 학생이 같은 학급의 백인 학생과 토론하고 의견을 교환할 수 있는 기회를 흑백분리교육은 흑인 아동으로부터 박탈한다고 보았습니다.

이 판결로 교육의 영역에서 인종에 따른 분리교육이 철폐되었습니다. 일단 '분리'하면 그 자체가 평등권 침해로 위헌이라는 것

⚖ 나와 닮은 인형은?

분리교육이 평등권에 위배된다는 판결을 이끌어내는 데 중요한 역할을 한 실험을 하나 소개하려 한다. 1947년 미국에서 6세부터 9세 흑인 아동을 대상으로 실험을 하나 진행했다. 흑인과 백인의 얼굴을 한 인형을 각각 아이들에게 주고, 아이들에게 더 예쁜 인형, 착한 인형을 고르게 하자, 흑인 아이들 대부분이 백인 인형을 골랐다. 이 실험에서 아이들에게 누가 더 자신과 닮은 인형이냐는 질문을 던지자, 아이들은 대답을 회피하거나 심지어 울음을 터뜨리기도 했다. 이 실험에서 분리교육을 받은 아이들은 백인인형이 흑인인형보다 착하고 예쁘다고 답한 경향이 높게 나왔다. 이 실험은 분리교육이 그 자체로 아이들의 마음에 인종적 고정관념과 열등감을 심어준다는 것을 보여준다는 평가를 받으며 수정헌법의 위헌판결에 기여하게 된다.[14]

---

14. https://post.naver.com/viewer/postView.nhn?volumeNo=25310384&memberNo=1188
0830&vType=VERTICAL 참조

이며, '분리하되 평등'이 아니라 '분리하면 무조건 불평등'이라는 법리가 만들어진 것입니다. 우리나라에서는 장애인 통합교육이나 최근 늘어나고 있는 다문화가정의 친구들이 학교에서 소외되는 문제가 논란이 되기도 합니다. 분리교육의 철폐 관점에서 이런 문제들을 한번 생각해보면 어떨까요?

우리 그냥
결혼하게 해주세요!

평등권과 관련된 또 다른 사례를 소개합
니다. 여러분도 사회적 소수자에 대한 이야기를 들어본 적이 있을
것입니다. 신체적 혹은 문화적 특징 때문에 사회의 주류 구성원에
서 분리되고 낙인이 찍히며, 이것이 차별로 이어져 다른 사람들과
달리 평등한 처우를 받지 못하는 사람들입니다. 이런 정의로 볼
때, 동성애자는 우리 사회에서 아직 사회적 소수자로 볼 수 있습
니다. 우리나라도 동성애자에 대한 사회적 인식은 많이 개선된 편
이기는 하지만, 아직 동성애 커플에 대한 법률상 결합은 인정하지
않고 있습니다. 즉 동성애를 인정하는 것과 동성결혼의 합법화는
별개의 사안이라는 입장을 유지하고 있는 거죠.

실제로 우리나라에서 성 소수자 부부가 건강보험 피부양자 자격

을 신청해달라고 국민건강보험공단을 상대로 소송을 제기한 적이 있으나, 행정재판부는 "민법과 대법원 그리고 헌법재판소의 판례와 우리 사회의 일반적 인식을 모두 모아도, 혼인은 남녀의 결합을 근본 요소로 한다."고 판단했죠. 아직은 갈 길이 먼 것 같습니다. 여기에서는 미국 연방헌법 재판 사례를 하나 소개하려 합니다.

사랑에는
국경도 없다는데…

미국 연방헌법에는 결혼에 관한 조항이 없었습니다. 건국 초기부터 각 주의 독립된 자치권을 중시했던 미국은 역사적으로나 헌법상으로나 결혼제도는 주정부가 관할해야 하는 영역으로 여겨왔으니까요. 그래서 미국은 각 주마다 결혼이나 이혼에 관한 법이 달랐습니다. 예컨대 어떤 주는 결혼 최소연령이 16세인 곳이 있는가 하면, 13세에도 가능한 곳도 있었습니다. 다만 연방대법원은 전통적으로 결혼을 기본적 시민권 중 하나로 인정해왔습니다.

그렇지만 미국 사회에서 오랜 기간 결혼할 권리를 제약받았던 사람들이 있었습니다. 대표적으로 흑인을 비롯한 유색인종들로 그들은 과거에는 백인들과 결혼할 수 없었습니다. 연방대법원은 흑백결혼 금지가 헌법상 금지된 인종차별이 아니라고 판결해왔기 때문입니다. 20세기 후반인 1967년에 이르러서야 이를 인종차별로 판결했죠. 결혼은 인간의 생존과 가족 형성, 그리고 후손 배출에 필수적인 기본적 시민권이기에 결혼 상대를 선택할 권리를 인종적인 이유로 차별해서는 안 된다는 이유였습니다. 이로 인해 1960년대 미국 내 타인종 간 결혼은 전체 결혼의 0.4%에 불과했으나, 1980년에는 2.0%로, 2010년에는 10%까지 증가했습니다.

이처럼 다른 인종 간의 결혼금지가 위헌판결을 받자, 동성애자들도 결혼할 권리를 주장하며 소송을 제기했습니다. 1970년에 미네소타에서 동성애자 커플이 결혼허가 신청서를 제출했으나 거절되었죠. 그러자 이들은 미네소타주 결혼법에는 결혼신청자가 양성이어야 한다는 조항이 없다며 법원에 소송을 제기했지만 패소했고, 결국 연방대법원까지 올라갔지만 연방대법원은 판단을 하지 않았습니다.

사실 동성결혼은 고사하고, 1960년대까지만 해도 미국의 모든 주에는 동성애 행위를 처벌하는 '변태성행위금지법(anti-sodomy law)'까지 존재했습니다. 그렇지만 동성애자들의 인권 운동이 활발하게 펼쳐졌고, 1962년에 일리노아주가 미국 최초로 동성애 행위를 처벌하는 형법조항을 폐기하게 됩니다. 그로부터 몇 년 후인 1968년에 연방대법원은 동성애를 다룬 출판물을 음란물로 볼 수 없다고 판결했습니다. 또 1978년에는 동성애자들의 인권보호단체가 창립되었고, 1979년에는 전국 규모의 동성애자 행진이 조직되어 10만 명에 달하는 군중들이 수도 워싱턴에 모였습니다.

그리고 2003년에 이르러 결국 연방대법원은 동성애 행위 처벌은 기본권 침해에 해당한다고 판단했습니다. 개인끼리 서로 동의하여 이루어진 성행위는 수정헌법 제14조에 보호받는 실질적 기본권으로, 동성애자도 이성애자와 마찬가지로 헌법적 보호를 받아야 한다고 판결내렸죠. 개인의 성행위를 범죄로 만들어 그들의 정체성과 자기통제권을 침해해서는 안 된다는 이유였습니다.

▌개인은 정체성과 신념을 ▌선택할 권리가 있다!

동성결혼 관련해서도 변화가 나타나기 시작했습니다. 1993년 하와이주 법원은 이성 간에만 결혼을 허가하는 것은 하와이주 헌법에 어긋나는 차별이며, 동성결혼 금지는 평등권 침해가 될 수도 있다고 판결했습니다. 이후 1993년 버몬트주, 1998년 알래스카주 법원에서도 비슷한 판결이 내려졌죠.

마침내 2015년 6월 연방대법원은 동성결혼이 합법이라고 판결을 내렸습니다. 결혼할 권리를 '우리 시대에 시급하게 보호해야 할 자유'로 규정한 것입니다. 결혼권은 개인의 인격과 자율에 핵심적인 개인적 선택을 할 권리이자, 개인의 정체성과 신념을 선택할 권리라고 설명했습니다. 따라서 수정헌법 14조에 따라 평등한 보호를 받아야 하고, 적법한 절차를 거치지 않고는 침해될 수 없는 권리라고 보았습니다. 결혼은 '인간의 숭고한 희망과 열망에 필수적인 것'이라는 이유였죠. 또한 결혼과 기본권 모두 시대적 변화를 거쳐 왔기에 미국 사회도 시대의 흐름에 따라 동성결혼을 기본권으로 인정하는 변화가 불가피하다고 했습니다. 그리고 동성애자들이 결혼하게 되면 이성애자들이 결혼을 안 할 것이라는 주장은 설득력이 없으며, 동성결혼 허용이 이성결혼을 하는 이들에게 피해를 주지 않는 반면, 이성결혼만 허용하는 것은 동성애자

⚖ 차별금지법

우리나라에서도 동성애자에 대한 차별을 금지하는 법안이 논의되고 있다. 차별금지법이다. 차별금지법은 동성애와 같은 성 지향성뿐만 아니라 "합리적인 이유 없이 성별, 장애, 나이, 언어, 출신국가, 출신민족, 인종, 국적, 피부색, 출신지역, 용모 등 신체조건, 혼인여부, 임신 또는 출산, 가족 및 가구의 형태와 상황, 종교, 사상 또는 정치적 의견, 형의 효력이 실효된 전과, 성적지향, 성별정체성, 학력(學歷), 고용형태, 병력 또는 건강상태, 사회적 신분 등" 다양한 영역에서의 차별을 금지하고 있다. 사회적 약자나 소수자들에 대한 최소한의 보호장치가 되어줄 이 법안은 이미 2007년부터 3차례 입법을 시도했으나 실패했다. 그러다가 2021년에 청와대 국민청원을 통해 차별금지법에 대한 제정청원이 10만 명 이상의 동의를 얻으면서 다시 법사위에 회부되었으나, 아직 처리되지 못한 채 계류 중이다. 차별금지법에 대해서는 잘못 알려진 오해들이 많다. 예를 들어 차별금지법으로 종교 전도 활동을 금지해서 종교의 자유를 제한한다고 받아들이는 것이다. 하지만 특정 종교를 강요하거나 자신이 믿는 종교를 이유로 다른 종교인 등을 배제하거나 모욕할 때만 법에서 금지하게 된다.

들에게 중대하고 지속적인 피해를 준다고 주장했습니다.

또한 우리와 같은 아시아권인 일본에서 "동성 간의 혼인을 인정하지 않는 것이 헌법 위반"이라는 판결이 나오면서 '동성결혼' 합법화에 대해 관심이 쏠리고 있습니다. 2021년 3월 삿포로 지방법원에서 동성 간 결혼을 인정하지 않는 현행 규정은 헌법에 위배된다고 판결을 내린 것입니다.[15] 법원은 동성애와 같은 성적 지향은 스스로의 의사와 관계없이 결정되는 개인의 성질로, 성별, 인종과 같은 것이라고 보았습니다. 따라서 결혼에는 가족이나 신분 관계를 규정하는 법적 효과가 있지만, 이러한 절차를 동성 커플에 전혀 인정하지 않는 것은 법 아래 평등을 보장한 헌법 14조에 위배된다고 했습니다.

현재까지 전 세계에서 동성결혼을 인정하는 국가는 모두 29곳에 달합니다. 2001년 최초로 동성결혼을 합법화한 네덜란드를 시작으로, 2020년 스위스에서는 동성결혼을 허용하는 법안이 가결된 바 있습니다. 그리고 영국, 독일, 프랑스, 스위스, 미국, 캐나다, 멕시코, 대만, 남아프리카 공화국 등에서도 동성 결혼을 인정하고 있습니다.

우리나라에서는 동성연애나 결혼이 비록 불법은 아니지만, 법적인 혼인관계로는 아직 인정받지 못합니다. 2016년에 법원이 동성 간의 결혼은 허용되지 않는다는 판단을 내린 거죠. 즉 혼인ㆍ

---

15. 정대한, 〈[이슈크래커] 일본 법원 "동성결혼 금지는 위헌"…우리나라는?〉, 《이투데이》, 2021.3.18.

출산·자녀 양육의 과정으로 사회의 새로운 구성원이 만들어지고 사회가 지속적으로 유지·발전하는 토대가 형성된다는 점을 감안하면 동성 간의 결합이 남녀 간의 결합과 본질적으로 같다고 볼 수 없다고 판단한 것입니다.

여러분은 동성결혼 금지에 대해서 어떻게 생각하나요? 동성결혼 금지가 우리 헌법에서 보장하고 있는 평등권에 위배된다고 보나요? 아니면 법원과 같이 동성결혼과 이성결혼은 본질적으로 다른 것이므로 평등권에 위배되지 않는다고 보나요?

특별법에 의한 공소시효 예외, 기본권의 침해일까?

국가는 사회의 평화와 국민들의 치안을 보호하기 위해 범죄자를 처벌합니다. 하지만 자칫 이 과정에서 국민들의 신체의 자유가 과도하게 침해될 우려가 있습니다. 또 국민 누구도 억울하게 처벌받는 일이 없도록 해야 합니다.

신체의 자유, 헌법은 어떻게 보장하는가?

국민 누구든 이러한 피해를 입지 않도록 우리 헌법은 신체의 자유를 보장합니다. 혹시 앞에서(91쪽 표 참조) 헌법 제12조부터 제23

조에 걸쳐 우리의 자유권을 규정하고 있다고 했던 것을 기억하나요? 그중에서 헌법 제12조와 제13조에서 신체의 자유를 규정하고 있습니다. 각각의 내용을 살펴보면 다음과 같습니다.

제12조

① 모든 국민은 신체의 자유를 가진다. 누구든지 법률에 의하지 아니하고는 체포·구속·압수·수색 또는 심문을 받지 아니하며, 법률과 적법한 절차에 의하지 아니하고는 처벌·보안처분 또는 강제노역을 받지 아니한다.

② 모든 국민은 고문을 받지 아니하며, 형사상 자기에게 불리한 진술을 강요당하지 아니한다.

③ 체포·구속·압수 또는 수색을 할 때에는 적법한 절차에 따라 검사의 신청에 의하여 법관이 발부한 영장을 제시하여야 한다. 다만, 현행범인인 경우와 장기 3년 이상의 형에 해당하는 죄를 범하고 도피 또는 증거인멸의 염려가 있을 때에는 사후에 영장을 청구할 수 있다.

④ 누구든지 체포 또는 구속을 당한 때에는 즉시 변호인의 조력을 받을 권리를 가진다. 다만, 형사피고인이 스스로 변호인을 구할 수 없을 때에는 법률이 정하는 바에 의하여 국가가 변호인을 붙인다.

⑤ 누구든지 체포 또는 구속의 이유와 변호인의 조력을 받을 권리가 있음을 고지받지 아니하고는 체포 또는 구속을 당하지 아니한다. 체포 또는 구속을 당한 자의 가족 등 법률이 정하는 자에게는 그 이유와 일시·장소가 지체 없이 통지되어야 한다.

⑥ 누구든지 체포 또는 구속을 당한 때에는 적부의 심사를 법원에 청구할 권리를 가진다.

⑦ 피고인의 자백이 고문·폭행·협박·구속의 부당한 장기화 또는 기망 기타의 방법에 의하여 자의로 진술된 것이 아니라고 인정될 때 또는 정식재판에 있어서 피고인의 자백이 그에게 불리한 유일한 증거일 때에는 이를 유죄의 증거로 삼거나 이를 이유로 처벌할 수 없다.

제13조

① 모든 국민은 행위시의 법률에 의하여 범죄를 구성하지 아니하는 행위로 소추되지 아니하며, 동일한 범죄에 대하여 거듭 처벌받지 아니한다.

② 모든 국민은 소급입법에 의하여 참정권의 제한을 받거나 재산권을 박탈당하지 아니한다.

③ 모든 국민은 자기의 행위가 아닌 친족의 행위로 인하여 불이익한 처우를 받지 아니한다.

무고한 시민을 학살하고 헌정질서를 파괴한 범죄에 대한 처벌은?

이와 관련해서 〈5·18민주화운동 등에 관한 특별법〉 사안을 살펴보겠습니다. 1980년 5월, 5·18 민주화 운동 때 전두환 등 신군부 쿠데타 세력은 무장한 군대를 투입하여 무고한 광주 시민들을

학살했습니다. 1979년 10월 26일 오랜 독재를 해온 박정희 대통령이 사망한 이후 혼란한 상황 속에서 당시 보안사령관 전두환은 12·12 군사 반란으로 군부 권력을 장악합니다. 하지만 그 이듬해인 1980년 4월부터 군사 독재정권을 규탄하기 위한 집회가 끊이지 않았으며, 1980년 5월 18일부터 27일까지 광주에서 대규모 민주화 운동이 일어난 것입니다. 군사 독재에 맞서 자발적으로 일어난 민간인 시위는 진압군과의 격한 대립을 벌였습니다. 안타깝게도 이 과정에서 수많은 광주 시민들이 학살되고 말았죠. 국민에 대한 인권탄압이며, 헌정질서 파괴범죄였습니다. 이 비극적인 사건으로 인해 다수의 무고한 희생자와 피해자가 발생한 것입니다. 그럼에도 전두환은 5·18 민주화 운동을 '폭동'으로 규정하여 기본적인 사실관계마저 왜곡했고, 헌정질서 파괴범죄에 대한 처벌도 제대로 받지 않았죠.

세월이 흐르고 흘러 1995년 12월에 5·18 관련 범죄에 대한 공소시효 정지 등에 관한 사항 등을 규정한 「5·18 민주화 운동 등에 관한 특별법」이 제정되었습니다. 공소시효(公訴時效)란 죄를 저지르고 일정한 기간이 경과하면 더 이상 처벌하지 않는 제도입니다. 다만 범죄 혐의자가 해외 도피 중이면 그 기간은 공소시효의 진행이 정지됩니다. 그런데 5·18 민주화 운동에 대해서는 예외를 두어서 1993년 2월 24일까지의 기간은 아예 공소시효가 진행되지 않는다고 규정한 것입니다. 그리고 군사 반란인 12·12 사건과 관련해 5·18 특별법이 적용되어 장세동, 최세창 등은 반란모의참여죄, 반란중요임무종사죄로 기소되었습니다. 이에 장세동, 최세창은 위헌법률 심판을 신청했고, 황영시 외 5인은 5·18 특별법 2조가 위헌이라면서 헌법소원을 냈습니다. 즉 앞서 헌법 제13조에서 규정한 내용에 위배된다고 주장한 것입니다.[16]

형벌불소급원칙보다 중대한
헌정질서 파괴자들에 대한 정당한 응징

결과부터 말하면 헌법재판관 9인 중 5인이 위헌 의견을 냄으로써 위헌 의견이 우세이기는 했지만, 위헌결정 정족수인 재판관 6인에 이르지 못해 결국 합헌 판결이 났습니다. 그럼 위헌과 합헌 각각의 의견을 좀 더 자세히 살펴보겠습니다.

먼저 위헌이라고 본 의견입니다. 형벌은 바로 신체의 자유와 직결되기 때문에 공익과 국가적인 이익보다 개인의 신뢰 보호와 법적 안정성이 중요하다고 보았습니다. 만약 공소시효 정지를 통해서 사후적으로 형벌을 가능하게 한다면 이는 새롭게 범죄라고 인정하여 처벌하는 것이라고 했습니다. 이에 따라 헌법 제12조 제1항 수단의 적법절차의 원칙과 제13조 제1항의 형벌불소급의 원칙에 위배되므로 위헌이라고 했습니다.

....
16. 헌재 1996.2.16. 96헌가2, 96헌바7, 96헌바13.

다음으로 합헌 의견입니다. 이 사안은 기존의 법을 변경하여야 할 공익적 필요는 심히 중대한 반면에 그 법적 지위에 대한 개인의 신뢰를 보호하여야 할 필요는 상대적으로 적은 경우라고 보았습니다. 따라서 개인의 신뢰이익을 관철하는 것이 객관적으로 정당화될 수 없는 경우에 한해 예외적으로 소급해서 처벌할 수 있다고 했습니다. 그 기준으로는 국민 다수가 소급입법을 예상할 수 있었거나, 법적 상태가 불확실하고 혼란스러웠거나 하는 이유로 보호할 만한 개인의 신뢰 이익이 적은 경우, 소급입법에 의한 당사자의 손실이 없거나 아주 경미한 경우, 그리고 당사자의 신뢰 보호 요청에 우선하는 심히 중대한 공익상의 사유가 있어 소급입법을 정당화하는 경우 등을 들었습니다.

무엇보다 이들 반란행위자들 및 내란행위자들로 인해 우리 헌법질서의 근간을 이루는 자유민주적 기본질서가 파괴되었다는 점에 주목했습니다. 수많은 국민의 그 생명과 신체가 침해되었으며, 전 국민의 자유가 장기간 억압되는 등 국민에게 끼친 고통과 해악이 너무도 심대했죠. 재판부는 이러한 심각한 헌정질서파괴범죄를 범한 자들을 응징함으로써 정의를 회복하여 왜곡된 우리 헌정사의 흐름을 바로 잡아야 한다고 했습니다. 그뿐만 아니라, 앞으로 우리 헌정사에 다시는 그와 같은 불행한 사태가 반복되지 않도록 자유민주적 기본질서의 확립을 위한 헌정사적 이정표를 마련하여야 할 공익적 필요는 매우 중대하다고 했습니다. 반면, 이 사건 반란행위자들 및 내란행위자들의 군사반란죄나 내란죄의 공소시효 완성으로 인한 법적 지위에 대한 신뢰이익을 보호받을 가치는 별로 크지 않다고 보았고요. 따라서 합헌이라고 했습니다.

여러분은 어떠세요? 만약 여러분이 재판관이라면 어떻게 판단했을까요? 먼저 아무리 헌정질서를 파괴한 범죄자라 하더라도 이들 또한 국민이니 다른 국민들과 동일하게 헌법에서 보장된 형벌 불소급 원칙이 적용되어야 한다고 볼 수도 있을 것입니다. 반대로 사건의 중대성을 감안할 때 예외를 두는 것이 오히려 헌법정신에 맞는다고 볼 수도 있고요. 더 나아가서 과연 공소시효가 필요한 것인가라는 의문을 제기하는 사람도 있을지 모릅니다. 법적 안정성보다 정의 구현이 더 중요하다고 볼 수 있으니까요. 이처럼 다양한 관점에서 해석이 가능한 만큼 여러분도 각자 자유롭게 생각을 펼쳐보고, 또 친구들과 서로의 생각을 나눠볼 기회를 가져보면 어떨까요?

09

아무리 위험해도 국가가
개인의 여행을 막을 수 있나요?

2차 세계대전을 끝으로, 전면전 형태의 세계대전은 일어나지 않지만, 아직도 세계 곳곳에서는 크고 작은 분쟁이 끊이지 않고 있습니다. 여러분도 2022년 러시아가 우크라이나를 침공함으로써 수많은 무고한 민간인이 희생된 것을 알고 있을 것입니다. 우크라이나 국민을 위해 지구촌 곳곳에서는 평화의 연대를 표현하는 세계시민이 늘어났죠. 하지만 이러한 평화의 연대와 별개로 총포가 난무하는 살벌한 전쟁터가 되어버린 우크라이나는 생명의 안전을 보장할 수 없는 대단히 위험한 지역이 되고 말았습니다. 이에 우리나라 정부는 우크라이나를 여행 금지구역으로 지정하였죠. 그런데 UDT 출신 유명 유튜버가 용병으로 자원해 참전했다는 소식이 전해지며 잠시 시끄러웠습니다. 우리나라 여권법상 여행금지 구역에 무단 입국하면 처벌을 받을 수 있습니다. 한편으론 이렇게 생각할 수도 있습니다.

'위험한 나라로 떠나는 게 왜 처벌받을 일이지? 누가 억지로 시킨 것도 아닌데, 그냥 개인의 자유 아닌가?'

하지만 우리가 잊지 말아야 할 점이 있습니다. 바로 국가는 국민의 생명을 보호할 의무가 있다는 것입니다.

국가, 국민의 생명과 신체, 재산을 보호하라

1991년 이래의 소말리아 내전, 2001년 미국의 심장부 뉴욕에서 벌어진 9·11 폭발테러사건과 이후 테러와의 전쟁을 명분으로 이어진 미국의 아프가니스탄 공격, 2003년 3월경 발발한 미국-이라크 전쟁, 그리고 2022년 러시아의 우크라이나 공습 등 국제적인 위난 (危難) 상황이 현재까지도 끊이지 않고 발생합니다. 이에 재외국민을 포함한 국민의 생명, 신체 및 재산에 대한 국가의 보호가 중요한 문제로 떠올랐습니다.

특히 2007년 7월 19일 아프가니스탄에서 한국인 23명이 탈레반 무장세력에 납치되어 억류 도중에 두 명이 살해당하고, 나머지 스물한 명은 42일 만에 석방되는 사건이 일어났습니다. 이에 외교통상부장관은 2007년 8월 6일 이라크, 소말리아, 아프가니스탄 등 3개 지역에 대하여 1년간 여권 사용제한 등의 조치를 취했습니다. 그런데 당시 해당 지역에는 의료봉사 및 교육활동을 하던 우리나라 사람들이 있었죠. 이들도 당연히 2007년 8월 29일 한국대사관으로부터 교민 철수명령을 받았습니다. 그런데 이들 중 일부는 헌법재판소에 오직 인도주의적 목적으로 봉사활동을 위해 아프가니스탄으로 가려고 하였음에도 테러 위험을 이유로 출국을 금지하는 것이 거주 · 이전의 자유 등을 침해한다고 주장했습니다.[17]

▎사익을 제한함으로써
▎국민에게 돌아가는 공익은 무엇인가?

자유권을 침해당했다는 청구인들의 주장에 대해 먼저 헌법재판소는 헌법 제14조 제1항에서 다음처럼 거주 · 이전의 자유를 규정한 부분을 살폈습니다.

> 제14조
>
> 모든 국민은 거주 · 이전의 자유를 가진다.

....
17. 헌재 2008.6.26. 2007헌마1366

헌법재판소는 여기에 비단 국내만이 아닌 국외 이주의 자유, 해외 여행의 자유 및 귀국의 자유도 포함된다고 보았습니다. 따라서 청구인들의 거주·이전의 자유가 일부 제한된 점은 인정했죠. 하지만 국가는 국민에 대한 기본권 보장의무(헌법 제10조) 및 재외국민 보호의무(헌법 제2조 제2항)를 이행해야 하는 만큼 국민의 생명·신체 및 재산을 보호하기 위한 조치의 하나로 보았습니다. 또한 대상 지역을 당시 전쟁이 계속되고 있던 이라크와 소말리아 그리고 실제로 한국인에 대한 테러 가능성이 높았던 아프가니스탄 등 3곳으로 한정했을 뿐이며, 여권의 사용제한 등 기간도 1년으로 그다지 장기간으로 정하고 있지 않는다는 점을 고려했습니다. 나아가 부득이한 경우 예외적으로 외교통상부장관의 허가를 받아 여권의 사용 및 방문·체류가 가능하도록 했기 때문에 국민의 거주·이전의 자유에 대한 제한을 최소화하고 있다고 보았죠. 따라서 일정한 기간 동안에 특정 국가로 자유로이 출국할 수 없게 됨에 따른 사익의 제한보다는 해외 위난 상황이 발생한 지역에서의 국민의 생명·신체 및 재산의 보호라는 공익이 훨씬 더 크다고 보았습니다. 여러분 역시 헌법재판소와 동일한 생각을 하나요? 아니면 나의 생명인 만큼 위험 역시 내가 기꺼이 감수한다는데 국가가 이런 부분까지 간섭하는 게 너무 지나치다고 생각하나요?

10

대형마트 영업시간 제한,
직업선택의 자유에 위반될까?

근대 이전의 우리나라는 철저한 신분제 사회였습니다. 어떤 가정에서 태어났는지, 즉 타고난 출신에 따라 교육 기회가 제한되었죠. 심지어 직업선택의 자유마저 크게 제한되었습니다. 즉 개인의 노력이나 능력에 관계없이 오직 자신이 속한 신분계급이 어디냐에 따라 선택할 수 있는 일이 한정된 사회였을 뿐만 아니라, 직업에 따른 차별도 매우 심했습니다. 오늘날에는 전문직으로 인정받는 직업 대부분이 그 당시에는 천한 돈벌이 수단 정도로 폄하되곤 했으니까요. 예컨대 오늘날에는 기술직으로 분류되는 육가공 기술자의 경우 조선시대까지만 해도 '백정'이라 불리며 사람대접조차 제대로 받지 못했죠. 심지어 이러한 직업은 자녀 세대로 대물림되었습니다.

헌법에서 보장하는
직업선택의 자유

현대의 우리나라는 직업에 대한 일반적인 호불호는 있겠지만, 직업에 귀천도 없을뿐더러, 형식적으로는 일정한 자격요건을 갖추었다는 전제로 누구나 원하는 직업을 선택할 수 있습니다. 우리나라 헌법 제15조에서는 다음처럼 직업선택의 자유를 규정합니다.

> 제15조
>
> 모든 국민은 직업선택의 자유를 가진다.

지금부터 살펴볼 내용은 바로 이 직업선택의 자유에 관한 것입니다. 우리나라 유통산업발전법에서는 지자체장으로 하여금 대형마트 등에 대하여 영업시간 제한을 명하거나 의무휴업을 명할 수 있도록 하고 있습니다. 이러한 의무휴업에 대해 대형마트가 직업의 자유를 침해한다며 헌법소원심판을 청구했습니다.[18]

청구인의 자유 침해 주장에 대해 결론부터 말하면 헌법재판소는 의무휴업을 합헌이라고 판결했습니다. 이때도 재판부는 과잉금지원칙에 따라 입법목적의 정당성, 수단의 적합성, 침해의 최소성, 법적 이익의 균형성을 종합적으로 판단했습니다.

---

18. 헌재 2018. 6. 28. 2016헌바77

영업을 하라 마라 강요하는 건
직업의 자유 침해 아닌가요?

헌법재판소가 왜 그렇게 판단했는지 지금부터 하나씩 살펴봅시다. 먼저 입법목적의 정당성에 있어서 건전한 유통질서를 확립하고, 대형마트 등과 중소유통업의 상생발전을 도모하며, 대형마트 등에 근무하는 근로자의 건강권을 보호하려는 점에서 정당하고 보았습니다. 대형마트 등과 중소유통업자들의 경쟁을 형식적 자유시장 논리에 따라 방임한다면 유통시장에서의 공정한 경쟁질서가 깨어지고, 다양한 경제주체 간의 견제와 균형을 통한 시장기능의 정상적 작동이 저해되며, 중소상인들이 생존의 위협을 받는 등 경제영역에서의 사회정의가 훼손될 수 있기 때문입니다. 이를 해결하기 위한 조치인 대형마트 등의 영업시간 제한 및 의무휴업일 지정이라는 수단의 적합성도 인정했습니다. 그렇다면 침해의 최소성은 어떠했을까요? 소비자의 이용빈도가 비교적 낮은 심야시간 및 아침시간에 국한하여 영업시간을 제한하고, 의무휴업일 지정도 매월 이틀을 공휴일 중에서 지정하고 있기에 침해의 최소성을 인정했습니다. 법적 이익의 균형성에 있어서는 비록 대형마트 등이 경제적 손실을 입고, 소비자가 다소 불편을 겪게 될 수도 있으나, 이는 입법목적을 달성하기 위하여 필요한 최소한의 범위에 그치고 있는 반면, 위에서 언급한 입법목적은 매우 중요하므로, 법적 이익의 균형성도 충족한다고 했습니다.

끝으로 이 판결과 관련한 헌법의 경제질서 조항인 제119조를 살펴보도록 하겠습니다. 제1항에서 자유와 창의를 기본으로 하지만 제2항에서는 균형 있는 국민경제의 성장 및 안정 등을 위해 경제에 관한 일정한 규제와 조정을 할 수 있도록 하고 있죠. 자유와 평등의 조화인 셈입니다.

제119조

① 대한민국의 경제질서는 개인과 기업의 경제상의 자유와 창의를 존중함을 기본으로 한다.

② 국가는 균형 있는 국민경제의 성장 및 안정과 적정한 소득의 분배를 유지하고, 시장의 지배와 경제력의 남용을 방지하며, 경제주체 간의 조화를 통한 경제의 민주화를 위하여 경제에 관한 규제와 조정을 할 수 있다.

내 몸이고 내 맘,
사랑은 사생활 아닌가요?

자유권은 직업선택의 자유만 있는 것이
아닙니다. 우리나라 헌법 제17조에서는 사생활의 비밀과 자유를 규
정하고 있습니다.

제17조 모든 국민은 사생활의 비밀과 자유를 침해받지 아니한다.

사생활의 '비밀'이란, 사생활에 관한 사항으로서 일반인에게 아직
알려지지 아니하고, 일반인의 감수성을 기준으로 할 때 공개를 원
하지 않을 사항을 가리킵니다. 사생활의 영역은 사실 매우 광범위
합니다. 여기에서는 사생활과 관련해서 우리나라와 해외 간통죄
에 대한 헌법재판소의 판례를 살펴보려고 합니다.

이 사랑은
유죄입니까?

간통(姦通)이란 배우자가 있는 사람이 그의 배우자가 아닌 이성(異性)과 자발적으로 성교하는 것을 말합니다. 기독교의 십계명에 "남의 아내를 탐내지 마라."라는 규정이 있을 정도로 간통죄의 역사는 오래되었습니다. 역사적으로 간통죄는 '아내가 낳은 자녀가 남편의 핏줄'이라는 부계혈통(父系血統)의 진정성을 확보하기 위해 마련된 법이라 할 수 있죠. 20세기 들어서며 개인의 사생활에 대한 국가의 개입의 부적절하다는 이유로 여러 나라들에서 점차 폐지되기 시작했습니다. 노르웨이는 1927년에, 덴마크는 1930년에, 네덜란드와 스웨덴은 1937년에, 독일은 1969년에, 프랑스는 1975년에 간통죄를 폐지하였습니다. 미국의 경우에도 1950년대까지는 거의 모든 주가 간통을 처벌하는 규정을 두었지만, 현재는 대다수 주에서 간통을 비범죄화하였습니다.

가부장제가 뿌리 깊은 우리나라도 간통에 대한 처벌 규정 내용에 다소 변화가 있었을 뿐, 오랜 시간 존속해왔습니다. 1905년 대한제국 법률 제3호로 공포된 형법대전 제265조에서는 "간통한 유부녀와 상간자를 6월 이상 2년 이하의 유기징역에 처한다."고 규정하고 있었죠. 해방 이후 1953년 대한민국 형법을 제정하면서 유부남의 간통행위도 처벌하는 남녀쌍벌안을 출석 의원(110인)의 과반이 조금 넘는 57표의 찬성으로 통과시켰습니다. 당시 형법에는 다음과 같이 간통죄가 규정되어 있었습니다.

제241조(간통)

① 배우자 있는 자가 간통한 때에는 2년 이하의 징역에 처한다. 그와 상
   간한 자도 같다.

② 전항의 죄는 배우자의 고소가 있어야 논한다. 단, 배우자가 간통을
   종용 또는 유서한 때에는 고소할 수 없다.

형법상 범죄이지만, 무조건 처벌이 아니라 배우자의 고소가 있어야 재판을 할 수 있었죠. 이처럼 기소를 위해 범죄의 피해자나 법정대리인 등 고소권자의 고소가 필요한 범죄를 가리켜 친고죄(親告罪)라고 합니다. 또한 배우자가 간통을 종용 또는 유서한 경우에는 고소할 수 없었습니다. 여기에서 종용은 간통에 대한 사전 승낙을 의미하며, 유서란 간통에 대한 사후 승낙, 즉 용서를 말합니다.

결혼과 성에 대한
국민의 인식 변화를 인정하다

유럽이나 미국처럼 우리나라에서도 매우 사적인 영역에서 벌어지는 일들에 대해 형법이 개입하는 것은 위헌이라는 의견이 형법 제정 이후 꾸준히 제기되어 왔습니다. 하지만 헌법재판소는 1990년,

개인의 성적 자기결정권은 질서유지와 공공복리를 위해 제한할 수 있다	1990. 9. 10 선고 합헌 6인 vs 위헌 3인	사생활의 자유에 대한 국가의 지나친 개입이며, 벌금형 없이 오직 징역형만을 규정해놓은 것은 위헌이다
1990년과 동일	1993. 3. 11 선고 합헌 6인 vs 위헌 3인	1990년과 동일
국민의 법의식상 간통죄는 여전히 부정적이다	2001. 10. 25 선고 합헌 8인 vs 위헌 1인	간통죄는 형사처벌이 필요한 범죄라기보다는 윤리적으로 비난을 받을 만한 행위이다
비록 개인의 성적인 자기결정권을 제한하기는 하지만, 입법목적의 정당성은 여전히 인정된다	2008. 10. 30 선고 합헌 4인 vs 위헌 4인 헌법불합치 1인	대중의 성에 대한 법감정이 변화되었고, 간통은 법적 처벌이 아닌 도덕적으로 비난을 받을 만한 행위이다
간통죄 유지는 선량한 성도덕을 수호하며, 혼인과 가족제도를 보장하는 효과가 있다	2015. 2. 26 선고 합헌 2인 vs 위헌 7인	간통죄는 국민의 성적 자기결정권을 침해할 뿐만 아니라, 비밀의 자유를 침해한다.

간통죄 위헌성 여부에 대한 헌법재판소의 판단 변화[19]

1990년 첫 선고 이후 25년간 다섯 번의 재판을 거친 끝에 2015년에 간통죄는 드디어 역사속으로 사라졌다.

....
19. 한지훈, 〈헌재 간통죄 폐지까지 25년간 다섯번 재판(종합)〉, 《연합뉴스》, 2015.2.26. 참조

1993년, 2001년, 2008년 네 차례에 걸쳐 줄곧 간통죄는 합헌이라고 결정하였습니다. 그중 2008년 당시 합헌 의견의 주요 내용을 살펴보겠습니다.

간통죄는 혼인관계를 보호하고, 사회질서를 유지하기 위한 것인데 반해 이로 침해되는 사익은 특정한 관계에서의 성행위 제한으로 경미하다고 보았습니다. 모든 성행위를 규제하는 것이 아니라 오직 배우자가 있는 사람이 그의 배우자가 아닌 이성과 자발적으로 성교하는 경우만을 처벌하는 것이기 때문에 경미하다는, 즉 침해의 최소성을 인정하는 의견이었죠. 따라서 개인의 성적 자기결정권, 사생활의 비밀과 자유를 침해한다고 볼 수 없다고 했습니다.

그러다 2015년의 5번째 판결에 이르러서야 결국 위헌으로 결정되었습니다.[20] 위헌으로 바뀌게 된 중요한 이유로는 결혼과 성에 관한 국민의 의식 변화를 들었습니다. 과거에 비해 성적 자기결정권을 더욱 중요시하는 인식이 확산되고 있어 간통행위를 국가가 형벌로 다스리는 것이 더 이상 적정하지 않다는 것이죠. 아무리 비도덕적인 행위라 할지라도 본질적으로 개인의 사생활에 속하는 것이며 사회에 끼치는 해악이 그다지 크지 않다며 기존에 고수해온 합헌 의견을 마침내 뒤집은 것입니다. 이러한 결정을 내린 것에 대해 전 세계적으로 간통죄는 폐지되고 있다는 점도 중요한 근거로 들었습니다. 아울러 부부 간 정조의무 및 여성 배우자의 보호는 간

....
20. 헌재 2015.2.26. 2009헌바17

통한 배우자를 상대로 한 재판상 이혼 청구, 손해배상청구 등 민사상의 제도에 의해 한층 더 효과적으로 달성될 수 있기에 굳이 형법상 처벌까지 할 필요는 없다고도 했죠. 따라서 간통죄는 국민의 성적 자기결정권 및 사생활의 비밀과 자유를 침해하는 것으로서 헌법에 위반된다고 했습니다.

간통죄의 판결에서 볼 수 있는 것처럼 헌법재판소의 결정은 시대의 변화에 따라 달라질 수 있습니다. 여러분은 어떻게 생각하시나요? 결혼하면서 했던 배우자에 대한 약속을 저버린 행위에 대해 과거처럼 형법으로 반드시 처벌을 해야 한다고 생각하나요? 아니면 사생활의 영역에 국가가 과도하게 개입하는 것은 문제라고 생각하나요? 친구들과도 함께 이야기해봅시다.

초등학교 일기장 검사,
사생활의 자유 침해 아닌가요?

여러분은 혹시 일기장에 일기를 쓰고 있나요? 지금은 거의 사라졌지만, 한때 일기는 모든 학생에게 의무적으로 주어지는 방학 과제였습니다. 지금처럼 인터넷으로 날씨 검색도 할 수 없던 시절에는 개학을 앞둔 초등학생들이 한 달 치 일기를 몰아 쓰는 동안 까맣게 사라진 기억 앞에 절규하기도 했죠. 하지만 꼭 누가 시켜서가 아니라 자신만의 비밀스러운 일기장에 하루 중에 있었던 인상적인 일이나 감상을 적음으로써 하루하루 소중하고 의미 있는 기록을 남길 수도 있습니다. 덤으로 글쓰기 실력도 향상시킬 수 있죠.

청춘들의 사랑과 성장을 그리며 인기몰이를 했던 드라마 〈스물다섯 스물하나〉에서도 주인공이 고등학생 때 썼던 일기장을 딸이 읽으며 그 시절을 회상하는 방식으로 이야기가 전개됩니다. 그런데 다른 사람의 지극히 사적인 기록인 일기장을 보는 건 혹시 앞에서 살펴봤던 사생활의 자유를 침해하는 것은 아닐까요? 게다가 초등학교 때는 선생님이 학생들의 일기장 검사를 하는 경우도 있습니다.

어려도 사생활의 비밀과 자유는 존중해주세요!

이와 관련해서 헌법재판소는 아니지만, 국가인권위원회에서 판단한 내용이 있어 소개하려 합니다. 국가인권위원회는 2001년에 설립된 기관으로 모든 개인이 가지는 불가침의 기본적 인권을 보호·증진하여 인간으로서의 존엄과 가치를 구현하고 민주적 기본질서 확립을 위한 인권 전담 기구입니다. 과거 권위주의 정권에서와 같은 인권침해 및 차별이 없는 선진민주사회를 만들어 나아가기 위하여 인권침해 행위 및 평등권침해의 차별행위에 대한 조사·구제 등의 업무를 수행하고자 만들어졌습니다.

2004년 학생들의 일기장 검사행위에 인권침해 소지가 있는지 여부를 서울의 한 초등학교가 국가인권위원회[21]에 질의해 왔습니다. 많은 초등학교에서는 일기 작성의 습관화, 생활반성, 쓰기 능

---

21. 국가인권위원회 보도자료(2005.4.7.). "초등학교 일기장 검사 관행 개선되어야"

력 향상 등을 목적으로 학생들에게 일기를 쓰도록 하고 또 관행적으로 일기장을 검사해 오고 있었기 때문입니다.

국가인권위원회는 목적의 정당성과 관련해서는 소중한 삶의 기록을 남긴다는 점에서나 생활의 반성을 통해 좋은 생활습관을 형성하도록 돕는 교육적 목적을 인정했습니다. 하지만 수단의 적절성과 관련해서는 일기가 아동에게 사적 기록이라는 본래 의미로서가 아니라 공개적인 숙제로 인식되도록 할 가능성이 커 오히려 일기 쓰기 본연의 목적을 달성하기 어려울 수 있다고 보았습니다. 더구나 글짓기 능력의 향상이나 글씨 공부 등은 굳이 일기를 통해서가 아니라도 작문 등을 통한 다른 방법을 통하여 얼마든지 달성할 수 있다고 보았습니다.

무엇보다 피해의 최소성과 관련해서 문제가 있다고 보았습니다. 초등학교에서 일기를 강제적으로 작성하게 하고 이를 검사 및 평가하는 것은 일기의 본래 의미와 성격에 비추어볼 때, 아동의 사생활 및 양심의 자유를 침해할 소지가 크다고 판단한 것입니다. 아동이 사생활의 내용이 외부에 공개될 것을 예상하여 자유로운 사적 활동 영위를 방해받을 수 있다고 보았습니다. 또 아동이 교사의 검사를 염두에 두고 일기를 작성하게 됨으로써 아동의 양심 형성에 교사 등이 실질적으로 관여하게 될 우려가 크다고 했습니다. 끝으로 아동 스스로도 자신의 느낌이나 판단 등 내면의 내용이 검사 및 평가될 것이라는 불안을 제거하기 어려우므로 솔직한 서술을 사전에 억누르게 될 수 있다고 보았죠.

┃ 국가인권위의 결정

이런 점들을 고려해 국가인권위원회는 초등학교에서 일기를 강제적으로 작성하게 하고 이를 검사·평가하는 것은 국제인권기준 및 헌법에서 보장하고 있는 아동의 사생활의 비밀과 자유, 양심의 자유 등 기본권을 침해할 우려가 크다고 판단하여 이를 개선하도록 의견을 밝혔습니다.

물론 헌법재판소와 국가인권위원회의 결정 무게는 다릅니다. 앞서 헌법재판소의 결정은 기속력을 갖는다고 했죠? 법원, 국가기관, 지방자치단체 등이 자의적으로 판단할 수 없고 모두가 헌법재판소의 위헌결정에 반드시 따라야 하죠. 반면 국가인권위원회의 결정에는 이러한 기속력이 없습니다. 다만 조사 과정에서 조정을 통해 당사자 간에 합의가 이뤄지기도 하며, 조사 내용을 심의해 필요한 구제 조치, 인권 침해에 책임이 있는 자에 대해 징계 등 시정과 구제 조치를 권고합니다. 따라서 아직까지 학교 현장에서는 일기장 검사가 이뤄지기도 합니다. 여러분은 어떻게 생각하나요? 다양한 방향으로도 생각해볼 수 있도록 다음과 같이 일기장 검사를 찬성하는 입장도 함께 소개합니다.

> 초등학교에서의 일기는 엄밀한 의미에서의 일기라고 하기 어렵다. 내밀한 고백의 글쓰기인, 본래적 의미의 일기와는 다르며, 다르게 얘기하면

'생활글' 정도가 될 것이다. 그리고 그 글쓰기는 적어도 교사에게는 공개하기로 한 글쓰기이다…(중략)…우리가 굳이 '일기'(생활글)라는 형식을 빌려 지도를 하는 이유는, 그것이 곧 우리의 삶을 돌아보는 글쓰기이기 때문이다. 서로에게 공개할 수 있는 범위 내에서, 그러나 최대한 진솔하게, 내 삶과 둘레를 돌아보고 반성할 수 있는 글쓰기이기 때문이다.[22]

·······················
22. 곽노근, 〈일기검사는 인권침해인가② 국가인권위원회 보도자료를 중심으로〉, 《에듀인뉴스》, 2021.1.28.

나는
양심적 병역거부자입니다!

　　대한민국은 분단국가입니다. 엄밀히 말해 종전 상태가 아니라 합의에 의해 전쟁을 멈춘 휴전 상태이죠. 대한민국 남성은 누구나 국방의 의무를 가집니다. 그런데 여러분도 종교적 이유 등으로 양심적 병역거부자가 나오고 있다는 것을 들어본 적이 있을 것입니다. 보통 누군가를 '양심적인 사람'이라고 한다면 '착하다, 올바르다, 정직하다, 법 없이도 살 사람' 등이라고 생각할 것입니다. 그렇다면 양심적 병역거부란 착한 행동을 하기 위해 병역을 거부한다는 뜻일까요? 거꾸로 병역을 이행하는 사람은 착하지 않은 사람이라는 뜻일까요? 물론 아니죠. 왜냐하면 헌법 19조에 보장된 양심의 자유에서의 '양심'이란 일반적으로 쓰는 말과는 다른 뜻을 포함하고 있기 때문입니다.

국방의 의무는
나의 양심에 반합니다

먼저 양심적 병역거부자에 대한 의미를 알아볼까요? 양심적 병역거부자는 본인의 종교·윤리·철학 등을 바탕으로 한 양심상의 결정을 이유로 병역의무의 이행을 거부하는 사람을 말합니다. 이들은 헌법상 보장된 자신의 양심을 지키면서도 국민으로서의 국방의 의무를 다할 수 있도록 집총(執銃) 등 군사훈련을 수반하는 병역의무를 대신하는 제도를 마련해달라고 국가에 호소해 왔습니다.[23]

여기에서 먼저 헌법에서 양심의 의미가 무엇인지 살펴볼 필요가 있습니다. 헌법상 양심은 일반적으로 쓰는 착하다는 의미가 아니기 때문입니다. 헌법상 보호되는 양심은 "어떤 일의 옳고 그름을 판단함에 있어서 그렇게 행동하지 아니하고는 자신의 인격적인 존재 가치가 허물어지고 말 것이라는 강력하고 진지한 마음의 소리"로서 절박하고 구체적인 양심을 말합니다.

또한 여기서 말하는 양심은 국민 다수의 사고나 가치관과 반드시 일치하는 것은 아닙니다. 헌법재판소는 양심을 "개인적 현상으로서 지극히 주관적인 것"이라고 판단하고 있습니다. 따라서 양심상의 결정이 이성적·합리적인가, 타당한가 또는 법질서나 사회규범·도덕률과 일치하는가 하는 관점은 양심의 존재를 판단하는

....
23. 헌재 2018. 6. 28. 2011헌바379

기준이 될 수 없습니다. 이런 점에서 볼 때, 헌법에 의해 보호받는 양심은 법질서와 도덕에 부합하는 사고를 가진 다수가 아니라 이른바 '소수자'의 양심이 되기 마련입니다.

헌법재판소는 비록 '양심적' 병역거부라는 용어를 사용한다고 해도 병역의무이행은 '비양심적'이 된다거나, 병역을 이행하는 거의 대부분의 병역의무자들과 병역의무이행이 국민의 숭고한 의무라고 생각하는 대다수 국민들이 '비양심적'인 사람들이 되는 것은 결코 아니라는 점을 분명히 했습니다.

대체복무제를 통해서도
공익은 달성할 수 있다

그렇다면 양심적 병역거부자들의 주장에 대해서 헌법재판소는 어떻게 판단했을까요? 2018년 헌법재판소는 대체복무제를 병역의 종류로 규정하지 않은 병역법에 대해 헌법에 합치되지 않는다고 결정했습니다. 헌법재판소는 먼저 양심적 병역거부자의 수는 병역자원의 감소를 논할 정도가 아니며, 이들을 처벌한다고 하더라도 교도소에 수감할 수 있을 뿐 병역자원으로 활용할 수는 없다고 보았습니다. 또 양심을 빙자한 병역기피자에 대한 우려에 대해서는 국가가 관리하는 객관적이고 공정한 사전심사 절차와 엄격한 사후관리 절차를 갖추면 해결될 수 있다고 했습니다. 여기에 현역

#양심적_#병역거부_#국가안보와_#병역의무의_공평한_부담_#대체복무제

복무와 대체복무 사이에 복무의 난이도나 기간과 관련하여 형평성을 확보할 수 있고요.

이런 점에서 헌법재판소는 대체복무제라는 대안이 있음에도 불구하고 오직 군사훈련을 수반하는 병역의무만을 규정한 병역종류조항은 침해의 최소성원칙에 어긋난다고 최종 판단했습니다. 비록 '국가안보' 및 '병역의무의 공평한 부담'이라는 공익이 중요하기는 하지만, 대체복무제를 도입한다고 하더라도 위와 같은 공익은 충분히 달성할 수 있기 때문입니다. 따라서 양심적 병역거부자에 대한 대체복무제를 규정하지 아니한 병역종류조항은 과잉금지원칙에 위배하여 양심적 병역거부자의 양심의 자유를 침해한다고 결정 내렸습니다.

여러분은 헌법재판소의 결정에 동의하나요? 아니면 양심적 병역거부를 인정했을 때 국가안보와 병역의무의 공평한 부담이 제대로 지켜지지 않을 것 같나요? 또한 공평한 부담이 제대로 지켜지지 않는다면 어떤 점에서 그렇게 생각하는지, 또 이를 개선하기 위한 방안은 없는지 등에 관해서도 함께 생각해보면 어떨까요?

학교 가야 하는데, 야외집회는 낮에만 하라고요?

혹시 2016년의 겨울을 기억하나요? 누가 시킨 것도 아닌데, 광화문 광장으로 삼삼오오 모인 사람들이 어느새 드넓은 광장을 꽉 채웠습니다. 남녀노소 할 것 없이 각계각층의 사람들이 자발적으로 모였고, 손에 쥔 촛불이 광화문의 밤을 낮보다 환하게 밝혔습니다. 평화로운 시위를 마친 사람들은 자발적으로 광장의 쓰레기까지 수거해가는 진정한 시민의 모습을 보여주었습니다.

전 세계인의 주목을 받은 이 촛불 문화제를 경험한 여러분에게는 야간집회가 그리 낯설지 않을 것입니다. 그런데 혹시 알고 있나요? 한때 우리나라에서는 해가 뜨기 전이나 해가 진 후에는 야외집회가 불가능했습니다.

헌법이 보장하는
집회 결사의 자유

헌법 제21조에서는 언론 · 출판, 집회 · 결사의 자유를 규정하고 있습니다. 언론, 출판은 아는 얘기인데 집회, 결사는 여러분에게 다소 낯설지도 모릅니다. 집회란, "다수인이 공동목적을 가지고 평화적으로 일정한 장소에서 일시적으로 회합하는 행위"를 말합니다. 이와 비슷한 시위는 '집단행진'을 일컫는 것으로서, 이동하는 집회를 말합니다. 결사란 "다수가 상당한 기간 동안 공동목적을 위하여 자유의사에 기하여 결합하고 조직화된 의사형성이 가능한 단체"를 말합니다. 이러한 것들에 대해 보장된 자유를 표현의 자유라고 할 수 있습니다. 표현의 자유는 국민의 알 권리, 언론 접근권, 정보공개청구권 등 국민이 정보를 적극적으로 청구하는 자유까지도 포함됩니다. 그럼 이와 관련된 헌법 제21조를 살펴볼까요?

제21조

① 모든 국민은 언론 · 출판의 자유와 집회 · 결사의 자유를 가진다.

② 언론 · 출판에 대한 허가나 검열과 집회 · 결사에 대한 허가는 인정되지 아니한다.

③ 통신 · 방송의 시설기준과 신문의 기능을 보장하기 위하여 필요한 사항은 법률로 정한다.

④ 언론 · 출판은 타인의 명예나 권리 또는 공중도덕이나 사회윤리를 침

해하여서는 아니된다. 언론·출판이 타인의 명예나 권리를 침해한
때에는 피해자는 이에 대한 피해의 배상을 청구할 수 있다.

야간집회 제한은
헌법에 보장된 집회 결사의 자유를 침해한다

이와 관련해서 함께 살펴볼 사안은 야외집회는 낮에만 할 수 있
는가에 대한 것입니다. 청구인은 2008년 6월 25일 저녁 7시 15분
경부터 세종로 일대의 집회 및 시위에 참가하다가 밤 9시 50분경
에 경찰에 현행범으로 체포되어서 벌금 50만원을 내었습니다. 집
회 및 시위에 관한 법률에서 해가 뜨기 전이나 해가 진 후에는 야외
집회 또는 시위를 하여서는 안 되고, 이를 위반했을 때는 처벌하는
조항이 있었기 때문이죠. 이에 대해 청구인은 이것이 헌법에서 보
장된 집회·결사의 자유를 침해했다고 주장했습니다.[24]

먼저 헌법재판소는 헌법 제21조 제1항에서 "모든 국민은 언
론·출판의 자유와 집회·결사의 자유를 가진다."고 규정하여 집
회의 자유를 표현의 자유로서 언론·출판의 자유와 함께 국민의
기본권으로 보장하고 있다고 했습니다. 이러한 집회의 자유에는
집회를 통하여 형성된 의사를 집단적으로 표현하고, 이를 통하여

....
24. 헌재 2014.3.27. 2010헌가2

불특정 다수인의 의사에 영향을 줄 자유도 포함하고 있고요. 집회의 자유는 국민들이 타인과 접촉하고 정보와 의견을 교환하며 공동의 목적을 위하여 집단적으로 의사표현을 할 수 있습니다. 이를 통해 여론 형성에 영향을 미칠 수 있게 하며 정치·사회현상에 대한 불만과 비판을 공개적으로 표출할 수 있다고 보았습니다. 또한 선거와 선거 사이의 기간에 유권자와 그 대표 사이의 의사를 연결하고, 대의기능이 약화된 경우에 그에 갈음하는 직접민주주의의 수단으로서 기능한다고 했고요. 즉 언론·출판의 자유와 더불어 대의제 자유민주국가에서는 필수적 구성요소가 되는 것이죠.

▌국민 대다수의
▌근무 및 학업 시간대를 고려하다

'일출시간 전, 일몰시간 후'에는 야외집회 및 시위를 금지한 이유를 살펴보면 야간에는 시민들의 평온이 강하게 요청되는 시간대이며, 주간의 시위보다 질서를 유지시키기가 어렵고, 예상하지 못한 폭력 상황이 발생하여도 어둠 때문에 폭력행위자 및 폭력행위를 알아채기 어렵기 때문이라고 했습니다. 사회의 안녕질서를 유지하고 시민들의 주거 및 사생활의 평온을 보호하기 위한 정당한 목적이 있다는 것이죠.

하지만 우리 사회 대다수의 직장과 학교는 그 근무 및 학업 시간대를 오전 8-9시부터 오후 5~6시까지로 하고 있어 평일 낮에는 개인적 활동을 하기 어렵다는 점을 고려해야 한다고 보았습니다. 시위를 주최하거나 참가하려는 직장인이나 학생은 특별한 사정이 없는 한 퇴근 또는 하교 후인 오후 5~6시 이후에나 시위의 주최 또는 참여가 가능한 경우가 많다는 것입니다. 그 결과 특히나 동절기는 해도 짧다 보니, 평일 낮에는 직장이나 학교에 머물러야 하는 직장인이나 학생들이 사실상 시위를 주최하거나 참가할 수 없게 되는데, 이는 헌법이 모든 국민에게 보장하는 집회의 자유를 실질적으로 박탈하는 것이라고 보았습니다.

또한 도시화·산업화가 진행된 현대 사회는 낮과 밤의 길이에 따라 그 생활 형태가 명확하게 달라지지 않는 경우가 많고, 해가 진 후라고 할지라도 일정한 시간 동안에는 낮 시간 동안 이루어지던 활동이 그대로 계속되는 것이 일반적이라고 했습니다. 특히 도심지의 경우 심야에 이르기까지 주변의 조명이 충분하여 일상생활에 큰 지장이 없고요. 따라서 야간 시간대라고 해도 주간 시간대에 비해 큰 차이가 없으며, 설사 일부 차이가 있다고 하여도 그 정도가 심각한 수준에 이르지 않는다고 보았습니다. 그럼에도 불구하고 '해가 뜨기 전이나 해가 진 후'라는 광범위하고 가변적인 시간대에 걸쳐 시위를 금지하는 것은 공익 달성을 위해 필요한 정도를 넘는 지나친 제한이라고 보았습니다.

덧붙여서 헌법상 집회의 자유에 의하여 보호되는 것은 오로지 '평화적' 또는 '비폭력적' 집회에 한정되며, 집회의 자유를 빙자한 폭력행위나 불법행위 등은 모두 헌법적 보호범위를 벗어난 것이라고 했습니다. 이러한 경우 형법 등을 통해 형사처벌되거나 민사상의 손해배상책임 등에 의하여 제재될 수 있고요.

따라서 입법목적을 달성하면서도 시위의 주최자나 참가자의 집회의 자유를 필요최소한의 범위에서 제한하는 방법을 국회에서 검토할 것을 요청했습니다. 우리나라 일반인의 시간대별 생활 형태, 주거와 사생활의 평온이 절실히 요청되는 시간의 범위 및 우리나라 시위의 현황과 실정 등 제반 사정을 참작하여 시위가 금지되는 시간대나 장소를 한정하는 방법이 있다고 했습니다. 또한 한 장소에서의 연속적이고 장기간에 걸친 시위를 제한하거나, 일정한 조도 이상의 조명 장치를 갖추도록 하거나, 확성기 장치 등 일정 기준 이상의 소음을 유발하는 장비의 사용을 제한하는 방법도 있고요. 이에 따라 헌법불합치 결정을 내렸습니다.

한편에서 생각하면 야간의 야외집회 허용 문제는 집회·시위를 하는 사람들의 표현의 자유가 해당 지역에서 거주하는 이들의 사생활의 자유와 충돌하는 사례이기도 합니다. 여러분은 헌법재판소의 결정에 대해 찬성하나요? 아니면 반대 의견인가요? 여러분이 길거리를 다니면서 혹은 TV 속에서 종종 보게 되는 다양한 집회·시위 현장의 모습과 한편에서 이로 인한 불편을 호소하는 사람들의 모습을 보면서 각각의 입장에서 어떤 생각이 드는지 친구들과 함께 이야기해봅시다.

정치적 판단은
어른만 할 수 있나요?

이번에는 참정권에 관한 사례를 살펴보겠습니다. 여러분 중에도 일부는 이미 참정권을 행사한 경험이 있을 것입니다. 참정권은 국민이 정치의사 형성이나 정책 결정에 참여하거나 공무원을 선출하거나 직접 공무원으로 선출 또는 선임될 수 있는 권리입니다. 우리나라 헌법은 국가의 주권자인 국민이 국가의 정책 결정에 직접 참가하거나 대표자를 뽑는 선거에 참여할 수 있는 권리인 참정권을 보장합니다. 공직선거법 개정으로 선거 기준 연령이 만 19세에서 하향되어, 2020년 국회의원 선거부터 만 18세 이상은 선거권과 피선거권을 갖게 되었습니다. 2022년 3월의 대선과 6월 지방선거에서도 만 18세 이상 청소년들은 자신의 소중한 한 표로 당당하게 주권을 행사했을 것입니다.

우리도
투표하게 해주세요!

아직 선거권과 피선거권 연령이 낮아지기 전인 2012년 2월의 일입니다. 당시 청구인은 1994년생으로 그해 4월의 국회의원 선거와 12월의 대통령 선거에서 선거권을 행사하지 못하게 될 것으로 예상되자, 선거권 연령을 19세 이상으로 제한한 공직선거법 제15조가 헌법 제11조의 평등권과 제24조의 참정권 등을 침해한다고 주장하면서 헌법소원심판을 청구했습니다.[25]

청구인은 선거권 연령은 민주주의의 원리를 실현함에 있어 국민 참여의 한계를 의미하므로 비록 민법상 19세 미만 미성년자를 스스로 법률행위를 할 수 없다고 규정하고 있다고 해서 선거법도 이를 따를 필요는 없다고 주장했습니다. 또 병역법, 공무원임용시험령, 도로교통법, 근로기준법 등 다른 법령에서는 18세 이상의 국민을 성인과 같이 보고 있다는 점도 함께 언급했습니다.

특히, 원칙적으로 모든 국민에게 선거권을 인정하여야 한다는 보통선거의 원칙하에서 선거권 연령의 제한은 국민의 정치의식 수준, 교육 수준, 민주화 정도, 비교법적 관점 등을 참작하여 필요 최소한에 그쳐야 한다고 했습니다. 현재 교육 수준의 현격한 향상과 더불어 국가와 사회의 민주화가 진행됨에 따라 국민의 정치의식

25. 헌재 2013.7.25. 2012헌마174

수준도 향상됨으로써 전통적인 성인연령기준은 선거권 연령의 기준이 될 수 없다고 했습니다.

정치적 판단 능력은
대체 어떻게 판단하지?

이에 대해 헌법재판소는 어떻게 판단했을까요? 결론부터 얘기하면 헌법에 위배되지 않는다고 했습니다. 선거권 연령을 정함에 있어서 우리나라의 역사, 전통과 문화, 국민의 의식 수준, 교육적 요소, 신체적·정신적 자율성의 인정 여부, 정치적·사회적 영향 등 여러 가지 사항을 종합하여 재량에 따라 결정할 수 있다고 했습니다. 다만 국민의 기본권을 보장하여야 한다는 헌법의 기본이념과 연령에 의한 선거권 제한을 인정하는 보통선거제도의 취지에 따라 합리적인 이유에 근거하여 이루어져야 한다고 했습니다. 선거권 연령을 정함에 있어서 민법상의 성년 연령과 반드시 일치시킬 필요는 없지만, 국민이 정치적인 판단을 할 수 있는 능력이 있는지 여부를 판단할 때 민법상 행위 능력 유무도 중요한 기준이 될 수 있다고 보았습니다. 또 19세 미만으로서 아직 고등학교를 졸업하지 못한 학생들은 개인적인 차이를 감안하더라도 아직 정치적·사회적 시각을 형성하는 과정에 있거나 일상생활에 있어서도 현실적으로 부모나 교사 등 보호자에게 어느 정도 의존할 수밖에 없는 상황이라고 했습니다. 따라서 이들의 정치적 의사표현이 민주시민으로서의 독자적인 판단에 의한 것인지, 즉 혹시 부모와 같은 보호자의 의견이나 판단에 의사표현이 좌우되는 것이 아닌지 등의 의문이 있을 수 있고, 그러한 의존성으로 말미암아 정치적 판단이나 의사표현이 왜곡될 우려도 있다고 했습니다. 그리고 아직 자기정체성이 확립되어 있지 않은 경우가 많고, 경험이나 적응 능력의 부족 등으로 인하여 중요한 판단을 그르칠 가능성도 크기 때문에 19세 미만인 미성년자는 아직 정신적·신체적 자율성이 충분하지 않은 것으로 볼 수 있다고도 했습니다. 따라서 미성년자의 정신적·신체적 자율성의 불충분 외에도 교육적인 측면에서 예견되는 부작용과 일상생활 여건상 독자적으로 정치적인 판단을 할 수 있는 능력에 대한 의문 등을 종합적으로 고려하여 19세 이상의 국민에게만 선거권을 인정한 건 합헌이라고 보았던 것입니다.

결국 하향 조정된 선거연령

앞선 사례들에서도 살펴본 것처럼 헌법에 대한 해석은 고정된 것이 아닙니다. 2005년에 만 19세였던 것이 결국 2019년 공직선거법이 개정되어 선거연령은 비로소 18세로 내려갔죠. 실제로 전 세계 215개 나라에서 16~18세 이상에게 선거권을 부여하고 있습니다.

#공직선거법_개정_#피선거권_#만18세로_하향

경제협력개발기구(OECD) 35개 회원국 가운데 19세 이상에게만 선거권을 주는 나라는 대한민국밖에 없었고요. 심지어 오스트리아는 2008년부터 만 16세에게도 선거권을 주었습니다. 독일, 미국, 영국 등에서는 대통령이나 국회의원 등 전국적 단위의 선거가 아닌 지방 선거나 주민 투표에서는 16세 청소년도 참여할 수 있습니다.

이렇게 해서 2020년 4월 국회의원 선거에서 역사상 처음으로 18세 '청소년 유권자' 54만8,986명이 등장했습니다. 당시 18세 유권자 투표율은 67.4%로 전체 투표율(66.2%)보다 높았죠. 또 20대(58.7%) 30대(57.1%) 40대(63.5%)보다도 높았습니다. 2022년 대통령 선거에서 투표에 참여했던 고3 청소년 유권자의 이야기를 소개합니다.

어리기 때문에 정치에 참여하지 않고 관심 없을 거라고 생각하는 것은 어른들의 선입견이에요. 투표권이 있던 없던 주변 친구들끼리도 선거에 대해 이야기를 많이 나누거든요. 예전과 달리 요즘 청소년들은 다들 선거에 익숙하고 정치 참여를 위해 직접 행동하는 친구들도 많아요.[26]

------

26. 구미현, 〈투표소에서 만난 고3 유권자…"청소년들 선거 관심 많아"〉, 《NEWSIS》, 2022.3.9. 참조

16

사복 입고
재판받게 해주세요!

　　　　　　이번에 소개할 사례는 권리가 침해되
었을 때 국가에 일정한 요구를 할 수 있는 권리인 청구권과 관련된
것입니다.

　영화나 드라마를 보면 종종 주인공이 재판을 받는 장면이 나오
기도 합니다. 예컨대 억울한 누명을 쓴 주인공이 평상복이 아닌
카키색 옷을 입은 채 비장한 표정으로 법정에 등장하는 모습을 여
러분도 본 적이 있을 겁니다. 이 카키색 옷은 '수의(囚衣)'라고 불
리는 교정시설에 수용된 사람들이 입는 옷입니다. 형이 확정되지
않은 상태라도 구속 상태로 재판을 받는 경우 수의를 입고 법정에
출두할 수 있죠. 하지만 이렇게 수의를 입고 있으면 어쩐지 죄인
으로 형이 확정된 듯한 인상을 줄 수 있습니다.

형이 확정된 기결수가
또 다른 재판을 받는 상황이라면?

우리나라는 아직 형이 결정되지 않은 경우에는 구속되지 않은 상태로 수사나 재판을 받을 수 있게 하고 있습니다. 이런 경우 당연히 사복을 입고 재판장에 나오게 되겠죠. 하지만 범죄혐의가 상당 부분 인정되며, 나아가 도주 또는 증거인멸의 우려가 크다는 등의 부득이한 사유를 법원에서 인정하는 경우에는 형이 결정되지 않았더라도 구속된 상태, 즉 교정시설에 수용된 채 재판을 받기도 합니다. 그러면 시설에서 지급하는 의류를 입게 할 수 있죠. 하지만 시설 안에서야 수의를 입겠지만, 재판장에는 본인이 희망한다면 사복으로 갈아입고 나갈 수 있습니다.

그런데 만약 이 사람이 이미 다른 죄를 짓고 구치소에 수용된 사람이라면 어떻게 될까요? 실제로 형이 확정되어 구치소에 수용된 사람이 또 다른 죄목으로 재판을 받는 과정에서 사복을 입겠다며 헌법소원한 사건이 있었습니다.[27] 이 사건의 청구인은 과거 다른 죄로 유죄 판결이 확정되어서 구치소에 수용되어 있다가 또 다른 사건 피고인으로 재판에 나가게 되었습니다. 이미 다른 죄로 형이 결정된 수형자이기에 사복 착용 요구는 받아들여지지 않았죠. 이에 대해 청구인은 사복 착용을 불허함으로써 무죄추정의 원

....
27. 헌재 2015.12.23. 2013헌마712

칙에 위반되고, 법정에서 모욕감, 수치심을 느끼게 하여 인격권, 행복추구권을 침해하며, 방어권 등을 제대로 행사할 수 없도록 하여 공정한 재판을 받을 권리를 침해한다고 주장했습니다.

수의가
공정한 재판을 받을 권리를 제한한다?

먼저 헌법조항을 살펴봅시다. 우리나라 헌법 제27조에는 다음과 같이 누구나 공정한 재판을 받을 권리, 무죄추정의 원칙 등이 규정되어 있습니다.

제27조

① 모든 국민은 헌법과 법률이 정한 법관에 의하여 법률에 의한 재판을 받을 권리를 가진다.

② 군인 또는 군무원이 아닌 국민은 대한민국의 영역 안에서는 중대한 군사상 기밀 · 초병 · 초소 · 유독음식물공급 · 포로 · 군용물에 관한 죄 중 법률이 정한 경우와 비상계엄이 선포된 경우를 제외하고는 군사법원의 재판을 받지 아니한다.

③ 모든 국민은 신속한 재판을 받을 권리를 가진다. 형사피고인은 상당한 이유가 없는 한 지체 없이 공개재판을 받을 권리를 가진다.

④ 형사피고인은 유죄의 판결이 확정될 때까지는 무죄로 추정된다.

⑤ 형사피해자는 법률이 정하는 바에 의하여 당해 사건의 재판절차에서
진술할 수 있다.

알쏭달쏭합니다. 얼핏 이미 범죄 사실이 소명되어 수감된 죄인의
신분으로 수의를 입는 게 당연하지 않나 하는 생각도 들 것입니
다. 그렇다면 헌법재판소는 형사재판에 피고인으로 출석하는 수
형자에 대하여 사복 착용을 허용하지 않는 이 법에 대해 어떻게
판단했을까요? 헌재는 먼저 목적의 정당성 및 수단의 적합성을 판단
해 보았습니다. 수형자가 재소자용 의류가 아닌 사복을 입고 법정
에 출석하게 되면 일반 방청객들과 구별이 어려워 도주할 우려가
높아지며, 만약 실제 도주를 하면 복장으로 인해 일반인과 구별이
어려워 이를 제지하거나 체포하는 데에도 어려움이 생길 수 있다
고 했습니다. 수의를 입을 경우 이러한 도주예방과 교정사고를 방
지하는 데 있어 유용한 수단이 되므로 그 목적의 정당성과 수단의
적합성은 인정된다고 했습니다.

다만 침해의 최소성에 대해서는 위배되었다고 보았습니다. 다시
말해 아무리 수형자라 하더라도 범죄사실이 확정되지 않은 별도
의 형사재판에 대해서까지 마치 죄 있는 자와 비슷하게 취급하는
것은 안 된다고 판단한 것입니다. 게다가 재소자용 의류를 입도
록 강요함으로써 이미 유죄의 확정판결을 받은 수형자와 같은 외
관을 갖추게 한 것은 재판부나 검사 등 소송 관계자들에게 유죄의
선입견을 가져올 수 있는 등 무죄추정의 원칙에 위배될 소지가 크

다고 했습니다. 설령 사복 착용의 허용으로 인해 경계하여 지키는 부담이 증가한다고 하더라도, 이동 중에는 재소자용 의류를 입고 형사재판 출석을 위해 대기하는 동안 잠시 사복으로 갈아입고 법정에 들어가게 하는 등의 다른 방법으로 충분히 가능하다고 했습니다.

끝으로 법적 이익 균형성 측면에서도 도주예방 및 교정사고 방지라는 공익보다는 수형자가 별건의 형사재판을 받을 때도 재소자용 의류를 착용함으로써 받게 되는 인격적 모욕감과 수치심이 매우 크다고 했습니다.

어떠세요? 워낙 영화와 드라마에서 재소자용 의류를 입고 재판을 받는 장면이 자주 나오다 보니 눈에 익숙해 있을 텐데, 이것이 어떤 면에서는 편견을 일으켜 자칫 공정한 재판을 받을 권리를 중대하게 침해할 수도 있다는 사실, 이제 아셨나요?

능력에 따라 특목고 가겠다는 게 문제인가요?

이번에 살펴볼 사례는 사회권에 관한 것입니다. 사회권이란 국민이 인간다운 삶을 위하여 필요한 사회적 보장책을 국가에 요구할 수 있는 권리를 말하며, 다른 말로 생활권이라고도 합니다. 여기에는 교육을 받을 권리, 근로의 원리 등이 포함됩니다. 이중 교육을 받을 권리와 관련해서 고등학교 평준화제도에 대한 헌법소원 사건을 살펴보겠습니다. 고등학교 평준화제도란 고등학교 입학 시에 학교 간 서열을 없애고, 초등학교·중학교처럼 근거리 배정이나, 추첨 등의 방식을 통해 강제로 배정하는 제도를 말합니다. 우리나라는 중학교의 경우 1968년 무시험제도를 도입하였고, 이어 1973년 법을 개정하여 학교의 평준화를 위하여 서울특별시와 부산광역시, 도별로 연합고사를 실시하여 입학 자격자를 선발한 다음, 학군별로 추첨 배정하는 고등학교입학선발고사제도를 실시하도록 하였습니다. 1981년까지 평준화 지역이 국가 차원에서 꾸준히 확대되었으나, 1990년 이후에는 일부 지역의 평준화가 해제되기도 했습니다.

능력에 따라 균등하게
교육받을 권리

2002년부터 고교평준화제도가 도입된 지역 중학교 졸업생의 학부모들이 헌법상의 교육받을 권리와 평등권 및 행복추구권을 침해하는 등 헌법에 위반된다며 헌법재판소에 헌법소원을 냈습니다.[28] 우리나라 헌법 제31조에서는 다음과 같이 교육을 받을 권리에 대하여 규정하고 있습니다.

> 제31조
>
> ① 모든 국민은 능력에 따라 균등하게 교육을 받을 권리를 가진다.

헌법재판소는 우선 제한되는 기본권의 내용을 살폈습니다. 학생의 기본권과 관련해서는 헌법은 국가의 교육 권한과 부모의 교육

....
28. 헌재 2012. 11. 29. 2011헌마827

권의 범주 내에서 학생에게도 자신의 교육에 관하여 스스로 결정할 권리, 즉 자유롭게 교육을 받을 권리를 부여하고 있다고 했습니다. 따라서 학생은 국가의 간섭을 받지 아니하고 자신의 능력과 개성, 적성에 맞는 학교를 자유롭게 선택할 권리를 갖습니다.

| 평준화가 헌법에 위배될 만큼 | 기본권을 침해하는가?

헌법재판소는 다만 이것이 헌법에 위배될 정도로 기본권을 침해하는지 다시 살폈습니다. 입법목적의 정당성에 대해서는 중학교 교육이 입시과목 중심으로 운영되는 비정상적인 상태를 개선함으로써 중학교 교육과정을 정상화하고, 고등학교의 학력·교원·시설 및 재정상의 차이를 해소하고, 고등학교 교육의 전반적인 향상을 도모함으로써 학교 간 격차를 해소하는 데 있기에 정당하다고 보았습니다. 또한 입학전형 및 학교군별 추첨에 의한 배정방식을 취하는 고교표준화 방식은 과열된 고등학교 입시경쟁을 해소함으로써 중학교 교육의 정상화, 학교·지역 간 격차 해소와 같은 입법목적의 달성에 기여하기에 수단의 적합성도 인정된다고 했습니다.

다음으로 피해의 최소성에 대한 판단입니다. 헌법재판소는 입법목적을 달성하는 데 적합한 다른 대체수단이 존재한다고 보기가 어렵다고 했습니다. 고등학교 입학생 선발을 추첨에 의하여 실시하고자 할 경우 일정한 기준이 있어야 하는데, 학교 분포와 통학 거리 등을 고려하여 학생들을 인근 학교에 갈 수 있도록 하는 것이 가장 합리적이고 보편적인 방법이라고 했습니다. 외국의 경우에도 공립학교는 대체로 선발 경쟁이 없이 통상 거주지 인근에 있는 공립고등학교에 진학하는 것을 원칙으로 한다는 점도 들었죠.

법적 이익 균형성과 관련해서도 고교평준화제도를 통하여 이루고자 하는 위와 같은 공익의 실현이 청구인들의 학교선택권 침해보다 크다고 보았습니다. 따라서 관련 법은 헌법에 위배되지 않는다고 최종 판단한 것입니다.

정리하면 헌법재판소는 고등학교 과열 입시경쟁의 해소, 중학교 교육의 정상화, 학교·지역 같 격차 해소 등을 이유로 고교평준화의 정당성을 인정한 거죠. 여러분은 개인의 교육을 받을 권리를 어디까지 인정해야 한다고 생각하세요? 그리고 헌법재판소의 의견에 대해 동의하시나요? 이번 기회에 여러분 각자 생각하는 교육받을 권리가 무엇인지에 관해서도 한번 생각해보았으면 합니다.

양성평등 시대,
가장은 꼭 남자일 필요가 있나요?

끝으로 사회권에 관한 사례를 하나 더 살펴보려 합니다. 우리나라에서 혼인과 가족에 관한 권리는 헌법 조문체계상 사회권 규정에 속합니다. 그럼 먼저 이와 관련된 헌법 조항을 함께 살펴볼까요? 우리나라 헌법 제36조에는 다음과 같이 규정되어 있습니다.

제36조

① 혼인과 가족생활은 개인의 존엄과 양성의 평등을 기초로 성립되고 유지되어야 하며, 국가는 이를 보장한다.

② 국가는 모성의 보호를 위하여 노력하여야 한다.

③ 모든 국민은 보건에 관하여 국가의 보호를 받는다.

따라서 국가는 인간의 존엄과 양성평등에 입각하여 혼인과 가족에 관한 권리를 보장해야 합니다. 이와 관련해서 이번에는 호주제 폐지에 대해 살펴보겠습니다.

▌남성 호주를 중심으로
▌가족관계를 등록하던 호주제

과거 우리 민법에서는 호주제를 규정하고 있었습니다. 호주제는 말 그대로 호주를 중심으로 가족의 관계를 등록하는 제도입니다. 이에 따라 결혼을 하면 아내는 아버지 밑에 입적되어 있던 호적을 파내 남편의 가(家)에 입적되었죠. 이처럼 호주제란 "호주를 중심으로 집안이라는 관념적 집합체를 구성하고, 이를 직계비속 남자에게 승계시켜 유지하는 제도"로 유교적 성역할 고정관념에 뿌리를 두고 있습니다. 이는 우리나라의 오랜 가부장 문화에 기반한 제도입니다. 가부장, 즉 아버지와 남편으로 대변되는 남성 가장이 한 가정의 지배권을 독점하여 행사하는 가족 형태가 우리나라에서는 소위 가정의 평균 모델 같은 것이었죠. 이러한 가족 형태를 대변하는 말 중에는 '출가외인(出嫁外人)'도 있습니다. 시집간 딸은 더 이상 친정 사람이 아니고 시댁 식구가 되었다는 뜻입니다. 시집간 딸은 이제 아버지의 품을 벗어나 남편이라는 새로운 남성 가장의 품으로 들어가게 된다는 상징적 의미를 띱니다. 하지만 이 말은 마치 성인 여성조차 독립할 만한 능력이 없고, 반드시 '가부장'이라는 존재의 보호 속에서만 살아갈 수 있다는 뜻으로도 들립니다. 여성도 엄연히 독립된 자아를 가진 개인으로 동등하게 존중받는 양성평등 시대적 관점에서 보면 참으로 시대착오적인 말이라고 할 수 있겠죠?

하지만 워낙 오랜 시간에 걸쳐 모두에게 익숙해지다 보니 '그냥 그런 건가 보다…' 하며 관습처럼 받아들여져 왔습니다. 그런데 드디어 변화가 시작됩니다. 사회적 통념에 반기를 들며 한 여성이 헌법소원을 신청한 거죠. 청구인은 혼인하였다가 이혼한 여성이었습니다. 이혼 후 그녀는 전남편과의 사이에서 태어난 아들을 키우고 있었는데, 이혼 후에도 아들의 호적은 여전히 남편의 집안에 속해 있었습니다. 이에 이 여성은 아들을 남편이 아닌 자신의 가(家)에 입적시키기 위하여 관청에 신고하였으나, 관련 법을 이유로 받아들여지지 않았죠. 이에 헌법소원심판을 청구한 것입니다.[29]

▌혼인과 가족에 관한 헌법 최고의 가치규범은
▌양성평등과 개인의 존엄

헌법재판소는 호주제를 어떻게 판단했는지 살펴볼까요? 먼저 헌법은 제정될 때부터 역사적·전통적으로 계승되어온 가부장적 봉

....
29. 헌재 2005. 2. 3. 2001헌가9 등

건적 혼인질서가 아니라 남녀동권을 헌법적 혼인질서의 기초로 선언했습니다. 현행 헌법에 이르러 양성평등과 개인의 존엄은 혼인과 가족제도에 관한 최고의 가치규범이 되었죠.

헌법은 국가사회의 최고규범이므로 가족제도가 비록 역사적ㆍ사회적 산물이라는 특성을 지니고 있다고 하더라도 헌법보다 우위에 존재할 순 없다고 보았습니다. 앞서 언급한 것처럼 우리 헌법은 양성평등과 개인의 존엄을 혼인과 가족제도에 관한 최고의 가치규범으로 내세웁니다. 재판부는 "호주제는 남계혈통을 중심으로 가족집단을 구성하고 이를 대대로 영속시키는데 필요한 여러 법적 장치로서, 단순히 집안의 대표자를 정하여 이를 호주라는 명칭으로 부르고 호주를 기준으로 호적을 편제하는 제도는 아니다."라고 했습니다. 호주제를 자녀의 신분관계 형성에 있어서 정당한 이유 없이 남녀를 차별하는 제도로 본 것입니다. 이로 인하여 많은 가족들이 현실적 가족생활과 가족의 복리에 맞는 법률적 가족관계를 형성하지 못하여 여러모로 불편과 고통을 겪고 있다고 했죠.

또한 당사자의 의사나 복리와 무관하게 남계혈통 중심의 가(家)를 유지하고 계승한다는 고정관념에 뿌리박은 특정한 가족관계의 형태를 일방적으로 규정ㆍ강요한다는 점도 고려했습니다. 이는 개인을 가족 내에서 존엄한 인격체로 존중하는 것이 아니라 가의 유지와 계승을 위한 도구적 존재로 취급하는 것입니다. 따라서 혼인ㆍ가족생활을 어떻게 꾸려나갈 것인지에 관한 개인과 가족의 자율적 결정권을 존중하라는 헌법 제36조 제1항에 부합하지 않는다고 보았습니다.

더욱이 오늘날 가족관계는 한 사람의 가장(호주)과 그에 복속하는 가속(家屬)으로 분리되는 권위주의적인 관계가 아니라는 점도 살펴봐야 한다고 했습니다. 가족원 모두가 인격을 가진 개인으로서 성별을 떠나 평등하게 존중되는 민주적인 관계로 변화되고 있으며 다양한 가족 형태가 나오고 있기 때문입니다.

비록 헌법에 위배되나, 공적 기록의 중대한 공백이 생기지 않도록

다만 헌법재판소는 호주제가 헌법에 위배되기는 하지만, 당장 위헌이라 판단할 경우 신분관계를 공시·증명하는 공적 기록에 중대한 공백이 발생하게 되므로, 헌법불합치결정을 선고했습니다. 이로 인해 호주를 중심으로 한 호적제도를 대신할 새로운 신분등록제도가 필요해지면서 호적법을 대체하는 가족관계등록제도가 2008년부터 시행되고 있습니다. 이는 과거 국민의 신분관계를 호주중심으로 편제하였던 호적제도와 달리, 국민의 신분관계를 개인별로 가족관계등록부라는 공적 장부에 등록함으로써 이를 공시하는 제도입니다. 가족관계등록제도를 통해 부성주의의 원칙이 수정되었고, 성 변경 등의 가족제도를 적용함으로써 성 선택의 자유를 더욱 공고히 한 것입니다.

또한 법이 개정되어 과거처럼 자녀는 무조건 아버지의 성·본(本)을 따르게 하는 것이 아니라 만약 부모가 혼인신고를 할 때, 어머니의 성과 본을 따르기로 합의한 경우에는 자녀가 어머니의 성·본을 따를 수도 있게 되었습니다. 즉 아버지의 성을 따르는 것을 원칙으로 하되, 예외적으로 어머니의 성을 허용하도록 한 거죠.

아울러 국민들의 의식도 점점 더 바뀌고 있습니다. 2018년 한국가정법률상담소가 3,303인을 대상으로 실시한 〈자녀의 성결정 제도에 대한 국민의식 조사연구〉 결과에 따르면 응답자의 67.6%가 부성주의 원칙이 불합리하다고 답했습니다. 또 자녀의 성 결정 방법에 대해 응답자의 71.6%가 "부모가 협의해 선택한다."고 답했고, 23.6%는 "부모의 성을 함께 사용한다."고 답했습니다. 2019년 9월 여성가족부가 공개한 〈가족다양성에 대한 국민 인식조사〉 결과에서도 "자녀 성·본을 부모가 협의해 정할 수 있도록 제도를 개선하는 것"에 대해 응답자의 70.4%가 찬성한다고 답했습니다.

다만 인식의 변화와는 별개로 아직은 어머니의 성을 따르는 게 현실적으로 쉽지는 않습니다. 남녀가 결혼 후 혼인신고서를 작성할 때, '성·본의 협의' 항목에 "자녀의 성·본을 모의 성·본으로 하는 데 협의했습니까?"라는 질문을 두고, 원칙은 아버지의 성, 어머니의 성은 예외 경우임을 강조하고 있으니까요. 만약 혼인신고때는 어머니의 성을 따르기로 협의하지 않았다가, 그 이후에 사정이 바뀌어 어머니의 성을 따르는 것으로 바꾸려면 법원의 허가를 거쳐야 하는 등 절차가 복잡합니다. 게다가 이마저도 외국인, 혼인 외 출생, 이혼·재혼으로 성이 달라졌을 때만 예외적으로 적용되는 상황입니다.

아직 우리 국민 대다수의 이름은 아버지의 성을 따릅니다. 아마여러분도 아버지의 성을 따르는 게 당연하다고 생각하는 친구들이 여전히 많을 것입니다. 하지만 자녀의 출산은 아버지 또는 어머니 혼자서가 아니라 부모가 함께하는 것입니다. 그러니 반드시 아버지의 성만을 따르는 게 당연하다고 할 순 없지 않을까요? 호주제를 넘어서 이제는 어머니 성 쓰기, 부모의 성 함께 쓰기 등에 대해서도 좀 더 열린 생각이 필요한 때입니다. 미래에는 신분등록제도가 또 어떻게 진화할지 함께 생각해보는 것도 재미있을 것 같네요.

"헌법을 지키고 실현하는
헌법기관들의 이야기 속으로"

앞서 우리는 헌법이 무엇이고, 무엇을 수호하는지, 헌법을 기준으로 법과 제도를 심판하는 헌법재판소의 역할 등을 살펴보았습니다. 또 실제 헌법재판 사례를 통해 국민의 기본권이 어떻게 구체화되는지도 들여다보았죠. 혹시 이런 것 때문에 헌법기관은 헌법재판소만 있다고 생각할지도 모르겠습니다. 우리나라의 중앙행정기관은 헌법기관과 비헌법기관으로 나뉩니다. 헌법기관이란 헌법에 설립 근거가 규정된 기관을 말합니다. 바꿔 말하면 헌법을 바꾸지 않는 한 없앨 수 없는 기관이라는 뜻이기도 합니다. 대표적인 헌법기관을 꼽으면 헌법재판소뿐만 아니라, 정부, 국회, 법원 등이 포함됩니다. 이들 국가기관은 설립 근거에 걸맞게 헌법을 수호하기 위해 저마다의 역할을 충실히 수행해야 합니다. 그래서 이 장에서는 주요 헌법기관과 그 역할 그리고 만약 헌법기관이 헌법 가치를 외면하는 중대한 잘못을 저지른 경우 어떤 준엄한 심판이 내려지는지에 관해서도 실제 사례를 중심으로 살펴보려고 합니다.

4장

헌법기관과
심판

헌법기관에는
어떤 것들이 있을까요?

헌법기관이란 최고법인 헌법에 의거하여 설치되고 운영되는 기관입니다. 국회, 대통령, 법원 등이 해당되죠. 이런 헌법기관들은 헌법을 근거로 만들어진 기관이기 때문에 헌법을 개정하지 않는 이상 없앨 수 없습니다. 하지만 헌법기관이라고 해도 다 똑같은 것은 아닙니다. 예컨대 국가원로자문회의, 민주평화통일자문회의, 국민경제자문회의 등 3개 자문회의는 헌법에 근거해 설치되는 기관이긴 하지만, 그 설치 여부가 임의적이기 때문에 상황에 따라 설치하지 않을 수도 있습니다.

현재 우리나라 헌법에는 대통령, 국무총리, 국회, 국회의원, 판사, 대법원, 각급 법원, 헌법재판소, 중앙선거관리위원회, 감사원, 각급 지방자치단체 등이 헌법기관으로 규정되어 있습니다. 정부

부처는 헌법기관에 해당되지 않기에 대통령이 바뀔 때마다 대대적으로 개편되곤 합니다. 특이한 점은 국회의원, 판사 등은 개개인이 헌법기관이라는 점입니다. 국회의원은 국회라는 헌법기관의 구성원인 동시에 국회의원 각자가 헌법기관이죠. 앞서 살펴본 제1장 총칙, 제2장 국민의 권리와 의무에 이어 헌법기관은 제3장부터 제8장까지 규정되어 있습니다.

제3장 국회	제40~제65조
제4장 정부(대통령, 행정부)	제66조~제100조
제5장 법원	제101조~제110조
제6장 헌법재판소	제111조~제113조
제7장 선거관리	제114조~제116조
제8장 지방자치	제117조~제118조

위에서 정리한 헌법기관들은 여러분도 이미 알고 있겠지만, 이들이 헌법기관인지는 몰랐을 수도 있을 것입니다. 또 헌법기관으로서의 수행하는 실질적인 역할에 대해서도요. 그럼 이들 기관의 주요 역할들을 좀 더 살펴볼까요?

국회,
"법을 제정하다"

가장 먼저 살펴볼 것은 국회입니다. 국회의원들끼리 삿대질을 하며 서로 언성을 높이거나 심지어 몸싸움까지 하며 다투는 등 볼썽사나운 국회의 모습도 언론에 한 번씩 소개되다 보니 대체 뭐 하는 사람들인가 하는 생각도 해본 적이 있을지 모르겠습니다. 주요 헌법기관인 국회의 가장 큰 역할은 **입법**, 즉 법을 제정하는 것입니다. 행정부의 법률 작용과 사법부의 법률 집행이 가능하려면 법이 존재해야 하는데, 국회가 그것을 만드는 일을 하는 거죠. 다만 법률안은 국회뿐만 아니라 정부도 제출할 수 있습니다. 그렇지만 최종적으로 이를 심사하고 의결하는 것은 국회의 역할입니다. 따라서 입법권은 국회에 속한 권한이라고 할 수 있습니다. 입법과 관련해 헌법은 어떻게 규정하고 있을까요? 제3장 국회의 제40조와 제52조는 다음과 같습니다.

> 제40조 입법권은 국회에 속한다.
> 제52조 국회의원과 정부는 법률안을 제출할 수 있다.

법률 제정뿐만 아니라 국회는 국가의 살림살이를 책임지는 예산과 관련한 권한도 가지고 있습니다. 헌법 제54조에서 정부가 제출한 예산안에 대해 심의하고 확정하도록 하고 있죠. 또한 제59조에서는 조세의 종목과 세율을 법률로 정하도록 하고, 이를 국회의 권한으로 두고 있습니다. 조세는 국가 또는 지방자치단체가 국가경비에 충당할 재정 조달 목적으로 국민들에게 부과하는 돈, 바로 세금입니다.

제54조

① 국회는 국가의 예산안을 심의 · 확정한다.

② 정부는 회계연도마다 예산안을 편성하여 회계연도 개시 90일전까지 국회에 제출하고, 국회는 회계연도 개시 30일전까지 이를 의결하여야 한다.

제59조

조세의 종목과 세율은 법률로 정한다.

이처럼 법을 만들고 세금을 편성하는 일은 국회의 주요 권한입니다. 하지만 이 외에도 국회는 중요한 권한을 가집니다. 바로 대통령과 정부가 하는 일 그리고 사법부에 대해서도 감시하고 견제하는 권한이 있습니다. 제대로 일을 하는지, 중대한 잘못을 저지르지는 않는지 매의 눈으로 살피는 역할을 하는 거죠. 헌법이나 법률에 위배한 일을 했을 때는 더 이상 그 지위에서 일을 할 수 없게 파면하기도 합니다. 바로 **탄핵**이죠. 이는 뒤에서 대통령 탄핵과 관련해서 다시 살펴보겠습니다(248쪽 참조). 국회의 감시와 견제에 관한 권한은 제61조와 제65조에서 다음과 같이 규정하고 있습니다.

제61조

① 국회는 국정을 감사하거나 특정한 국정사안에 대하여 조사할 수 있으며, 이에 필요한 서류의 제출 또는 증인의 출석과 증언이나 의견의 진술을 요구할 수 있다.

제65조

① 대통령 · 국무총리 · 국무위원 · 행정각부의 장 · 헌법재판소 재판관 · 법관 · 중앙선거관리위원회 위원 · 감사원장 · 감사위원 기타 법률이 정한 공무원이 그 직무집행에 있어서 헌법이나 법률을 위배한 때에는 국회는 탄핵의 소추를 의결할 수 있다.

국회는 국회의원으로 구성되며, 이들은 지명에 의해 임명되는 것이 아니라 국민의 투표에 의해 선출되는 사람들입니다. 국회의원 1인은 각각이 입법 주체로서 각자가 의결권을 행사할 수 있습니다. 따라서 국회뿐만 아니라 국회의원 각각이 헌법기관입니다. 국회에도 '국회의장'이라고 하는 수장이 존재합니다. 하지만 바로 뒤에서 설명할 정부의 수장인 대통령처럼 의사결정에 있어 주도권을 갖는 것은 아닙니다. 국회의 입법행위는 다수결로 결정되기 때문에 결정된 사안을 수장이 집행하는 역할을 하는 거죠. 국회의원들이 수장인 국회의장을 견제하는 형태로 볼 수 있습니다.

　우리나라 의회는 정당정치와 떼려야 뗄 수 없습니다. 정당정치란 어느 정당이 정권을 잡아서 실질적 권한을 갖는 정치를 말하죠. 국회에서는 다수결에 의해 의사결정이 이루어지는 만큼 국회의원을 많이 보유한 정당일수록 의결권도 크다고 할 수 있죠. 이로 인해 무소속이거나 소수당에 속한 국회의원 의견은 의사결정에서 소외되는 문제도 나타날 수 있습니다. 다만 국회의원은 국민의 선택에 의한 선출직이므로 국민의 의견을 대변하는 것이 가장 중요합니다.

국회의원은 각자가 입법기관으로서 개개인의 독립과 자율을 보장하는 한편, 부당한 간섭이나 탄압에 대해 방어하며 자유롭게 직무를 수행할 수 있도록 임기말까지 직무상 발언에 대해 책임을 면할 수 있는 면책특권과 현행범이 아닌 이상 국회의 동의 없이 회기 중에는 체포 또는 구금되지 않을 불체포특권을 갖습니다. 절대권력의 부당한 압력이나 탄압에서 보호하는 장치인 셈이죠. 하지만 같은 소속의 다수 의결에 의해 제명을 당함으로써 의원직을 상실할 수 있고, 중대한 범죄사실이 소명되어 기소를 당해 재판에 회부되어 당선무효나 100만 원 이상의 벌금이나 징역 등 유죄 판결의 확정 등에 의해서도 의원직을 상실할 수 있습니다.

정부,
"법대로 집행하다"

두 번째로 살펴볼 헌법기관은 정부와 관련된 기관입니다. 정부란 대통령과 행정부를 아우릅니다. 정부에 속하는 모든 관공서들은 수장인 대통령의 통제하에 법률에 근거하여 행정 업무를 수행하게 됩니다. 흔히 "법대로 해!"라는 말들을 하는데, 정부는 정해진 법대로 집행할 뿐 임의적으로 법을 바꿀 수는 없습니다. 또 법률안을 제출할 순 있지만, 이를 제정할 권한은 없죠. 법률을 제정하는 역할은 앞서 설명한 것처럼 국회의 몫이니까요.

대통령은 정부를 대표하는 가장 중요한 헌법기관입니다. 국회의 의사결정은 국회의원 다수결에 준하기 때문에 국회 수장인 국회의 장에게 의사결정을 주도하는 능력이 없는 것과 달리, 정부의 수장인 대통령은 강력한 의사결정권을 갖습니다. 대통령이 행정부의 구성원들을 통솔하고 또 견제하는 역할을 동시에 하는 거죠. 실제로 수장인 대통령의 지휘하에 각 부서의 장관과 휘하 공무원들이 일사분란하게 각종 정책 집행을 이루어내야 하니까요. 또한 어떤 다른 공권력의 통제를 받지 않는 독자적 권력을 갖죠. 헌법 제4장의 제1절 대통령 제66조에서 대통령에 관해 다음과 같이 적습니다.

제1절 대통령

제66조

① 대통령은 국가의 원수이며, 외국에 대하여 국가를 대표한다.

② 대통령은 국가의 독립 · 영토의 보전 · 국가의 계속성과 헌법을 수호할 책무를 진다.

③ 대통령은 조국의 평화적 통일을 위한 성실한 의무를 진다.

④ 행정권은 대통령을 수반으로 하는 정부에 속한다.

또한 우리나라는 대통령을 중심으로 모든 국정이 운영되는 만큼 정부의 수장인 대통령은 내란이나 외환의 죄를 범한 경우를 제외하고는 재직 중 형사상의 소추를 받지 않습니다. 하지만 행정부의 수장이 법을 어기고 자신의 막강한 권력을 남용하거나 전횡한다면 이는 반드시 바로잡아야 하겠죠. 행정부의 수장은 국회에서 일정 정족수를 넘겨 의결하면 탄핵할 수 있습니다. 우리나라에서는 2016년 박근혜 대통령의 탄핵 사례가 있습니다.

국무총리는 대통령을 보좌하면서 행정에 관하여 대통령의 명을 받아 행정 각부를 통할하는 역할을 합니다. 대통령은 독단적으로 의사결정을 하는 것이 아니라 국무회의[1]와 국무총리를 통해서 여러 정책을 심의하고 집행해갑니다. 이 역시 헌법기관으로서 대통령이 마음대로 없앨 수 없습니다. 반면에 정부 부처는 헌법기관에 해당되지 않기 때문에 대통령이 바뀔 때마다 정부조직법 개정을 통해 정부 부처를 대대적으로 개편할 수 있습니다.

제86조

① 국무총리는 국회의 동의를 얻어 대통령이 임명한다.

② 국무총리는 대통령을 보좌하며, 행정에 관하여 대통령의 명을 받아 행정각부를 통할한다.

....
1. 대통령을 의장, 국무총리를 부의장으로 하고, 행정 각부의 장 등 전체 국무위원으로 구성된 정부 최고의 정책 심의 회의이다. 정부의 권한에 속하는 중요한 정책들을 심의한다.

제88조

① 국무회의는 정부의 권한에 속하는 중요한 정책을 심의한다.

제94조

행정각부의 장은 국무위원 중에서 국무총리의 제청으로 대통령이 임명한다.

끝으로 감사원은 국가의 세입·세출의 결산, 국가 및 법률이 정한 단체의 회계검사와 행정기관 및 공무원의 직무에 관한 감찰을 하기 위하여 설립된 헌법기관입니다. 마치 암행어사와 같은 역할이죠. 대통령 직속 기관이지만, 헌법 해석상 대통령은 감사원에 일절 관여하지 못하도록 되어 있습니다. 즉 감사원은 직무와 기능 면에서 독립적으로 활동하며, 국무총리뿐만 아니라 대통령도 감사원을 지휘·감독할 수 없습니다.

법원,
"법률을 적용하다"

법원은 법관들로 이루어집니다.[2] 법원의 수장은 대법원장이죠. 입법부가 법률을 제정하고, 행정부가 정해진 법률에 근거하여 행정 업무를 수행한다면 법원은 법률이 제대로 적용되고 있는 것인지를 판단합니다. 즉 입법부인 국회가 정한 법률 자체를 집행하는 역할을 하는 거죠. 사법부의 역할에서 주목해야 하는 점은 법관들에 의한 법의 해석입니다. 즉 법률을 곧이곧대로 받아들이는 것이 아니라 재량에 따라 정해진 법률에 한해 법률의 적용 강도를 조절할 수 있죠. 다시 말해 선택적 집행을 하는 셈입니다.

　법원도 대법원장이라는 수장이 존재합니다. 하지만 법관 개개인이 집행 영향력을 갖고 있기 때문에 법원의 수장인 대법원장은 단지 구성원을 임명할 뿐, 법관의 판결에는 일체 관여할 수 없습니다. 따라서 국회의원처럼 각급 법원뿐만 아니라 판사들도 각각 헌법기관입니다. 그 어떤 경우에도 대법원장은 개별 법관의 판결에 간섭하거나 영향을 미쳐서는 안 됩니다. 즉 사법부는 구성원 각자가 제각각 독립된 권한을 갖는다는 뜻입니다. 또 개별 법관이 내린 판결에 대한 상호존중의 의미도 있죠. 헌법 제5장의 제 103조에는 다음과 같이 명시되어 있습니다.

　　제5장 제103조

　　법관은 헌법과 법률에 의하여 그 양심에 따라 독립하여 심판한다.

때론 법적 판결에 따라서 누군가의 운명이 하루아침에 달라질 수

....
2. 여기서 잠깐! 검찰의 경우는 판사와 달리 행정부의 일부이다. 헌법에서는 "영장 청구를 검사가 한다."라고만 규정되어 있을 뿐이어서 검사가 헌법에 의해 설치된 기관인지에 대해서는 의견 다툼이 있다.

도 있는 만큼 대통령만큼이나 막강한 공권력을 가집니다. 만약 법관이 이런저런 외부의 압력에 휘둘릴 경우 판결의 공정성에 영향을 미칠 수 있습니다. 따라서 법관에게는 공권력의 영향이 미칠 수 없는 독자적 권력을 부여합니다.

그럼에도 불구하고, 편파적인 재판거래와 같은 불공정한 권력 행사에 대해서는 처벌을 받아야 하겠죠? 법관의 탄핵은 입법기관인 국회의 탄핵으로 이루어집니다. 다시 말해 사법부가 공정한 판결을 할 수 있도록 견제하는 역할을 국회가 하는 거죠. 대통령과 법관을 견제하는 국회를 구성하는 국회의원은 국민의 투표로 선출된 사람들이므로, 결국에는 국민이 잘못된 공권력을 견제하는 역할을 하는 것이라고 할 수 있습니다. 또 법관의 문제가 아니라 적용되는 법 자체의 헌법 위반 여부로 인해 재판 결과가 달라지는 문제도 생길 수 있습니다. 이런 경우 헌법 제5장 제107조에는 다음과 같이 적고 있습니다.

제107조

① 법률이 헌법에 위반되는 여부가 재판의 전제가 된 경우에는 법원은 헌법재판소에 제청하여 그 심판에 의하여 재판한다.

② 명령·규칙 또는 처분이 헌법이나 법률에 위반되는지 여부가 재판에 전제가 된 경우에는 대법원은 이를 최종적으로 심사할 권한을 가진다.

③ 재판의 전심절차로서 행정심판을 할 수 있다. 행정심판의 절차는 법률로 정하되, 사법절차가 준용되어야 한다.

선거관리,
"헌법상 공정과 중립성을 수호하다"

흔히 우리는 선거를 민주주의의 꽃이라고 합니다. 따라서 선거를 관리한다는 것은 우리 헌법이 이야기하는 민주공화국의 이념을 제대로 실현하고 수호하는 일과 맞닿아 있다고 할 수 있습니다. 대한민국 헌법 제7장에 '선거관리'를 명시합니다. 즉 주권자인 국민을 대신해 헌법의 이름으로 선거관리를 부여한 셈이죠.

제114조

① 선거와 국민투표의 공정한 관리 및 정당에 관한 사무를 처리하기 위하여 선거관리위원회를 둔다.

선거관리는 선거에 임하는 국민의 뜻이 절대 왜곡되지 않고, 헌법과 법률이 정한 바에 한 치의 어긋남이 없도록 관리되어야 함을 알 수 있습니다. 한때 우리나라 선거에서 불법으로 돈을 뿌리고 조직원을 동원하거나, 심지어 유세차량을 불태우는 등의 극단적 폭력마저 난무하는 등 타락한 후보와 유권자들로 인해 선거문화가 얼룩지고 이로 인해 민주주의가 훼손된 시절도 존재합니다. 이는 국민들의 선거에 대한 불신을 키웠고, 국민들이 당연한 주권행사인 선거 참여를 외면하게 만드는 결과를 초래했죠. 하지만 민주주의가 점차 성숙하고 발전하면서 선거문화도 조금씩 개선되었습니다. 김영삼 정부 출범 후 이 땅에서 부정선거를 뿌리 뽑기 위한 강력한 제도 개선이 시행됩니다. 1991년에 지방 행정을 자율적으로 처리하도록 하는 지방자치제도가 부활했죠. 이와 함께 기초단체장 및 광역의원을 국민이 선출하는 과정에서 또다시 금권선거와 타락선거 등의 불법선거가 자행될 기미가 스멀스멀 피어올랐습니다. 물론 공명선거를 위해 강력한 단속을 실시하려고 했지만, 이러한 단속만으로는 선거문화 개선에 한계가 있어 결국 제도 개혁에 이르게 된 것입니다. 이에 1994년에 「공직선거 및 부정선거방지법」을 제정함으로써 공명선거의 제도적 틀을 마련하게 된 거죠.[3] 민주주의가 제대로 실현되려면 국민의 의사가 반드시 선거에 올바로 반영되어야 합니다. 따라서 선거의 공정성이 훼손된다면 성공적인 민주주의 실현도 불가능하므로 공정한 선거관리는 민주주의 사회를 수호하는 역할이라고 할 수 있을 것입니다.

지방자치,
"지역사회 주민의 참여로 국민주권을 실현하다"

2022년 6월 1일에 교육감을 포함해 각 지방자치단체장 선거가 이루어졌습니다. 여러분 중에도 만 18세 이상은 이 선거에 참여해

----

3. 윤명철, 〈이종우, "선거관리는 헌법의 이름으로 부여받은 권한"〉, 《시사오늘 · 시사ON》, 2013.10.23.

당당하게 주권을 행사했을 것입니다.

지방자치는 각 지역사회별 자율권을 부여함으로써 주민들의 참
여를 높여 궁극적으로 국민주권의 실현을 도모한다는 점에서 의
미가 있습니다. 또 전국 각 지역이 중앙정부의 눈치를 보면서 지
역별 상황을 무시한 채 일관된 행정을 수행하기보다 각 지역의 고
유한 특성과 환경 조건에 맞는 맞춤형 행정이 가능한 점도 장점입
니다. 다만 성공적인 지방자치를 위해서는 각 지방 주민들의 참여
가 매우 중요합니다. 시민들의 참여를 통해 자신들의 고장을 좀
더 살기 좋은 곳을 만들어가려는 노력이 수반될 때 지방자치도 활
성화되고, 민주주의도 한층 생기 있게 꽃피울 수 있을 테니까요.
헌법 제117조와 제118조에서는 다음과 같이 지방자치단체의 역
할과 지방의회에 대한 내용이 규정되어 있습니다.

제117조

① 지방자치단체는 주민의 복리에 관한 사무를 처리하고 재산을 관리하

　며, 법령의 범위안에서 자치에 관한 규정을 제정할 수 있다.

② 지방자치단체의 종류는 법률로 정한다.

제118조

① 지방자치단체에 의회를 둔다.

② 지방의회의 조직 · 권한 · 의원선거와 지방자치단체의 장의 선임방법

　기타 지방자치단체의 조직과 운영에 관한 사항은 법률로 정한다.

우리나라는 1948년에 헌법을 제정하면서 지방자치 규정을 두었습니다. 그러다가 지방의회가 처음으로 구성된 것은 1952년이었죠. 하지만 박정희 정권이 들어서면서 지방의회는 해산되었고, 심지어 1972년의 유신헌법에서 부칙으로 "지방의회의 구성을 조국의 통일 시까지 유예한다."는 규정까지 마련하면서 잠시 역사에서 사라지기도 했습니다. 하지만 1987년에 유신헌법의 해당 부칙이 삭제되었고, 지방자치는 부활합니다.

그런데 주민 참여를 위해서는 더 많은 제도가 더 필요합니다. 먼저 주민발안입니다. 주민발안은 주민들이 조례를 제정하거나 개정 또는 폐지할 것을 청구할 수 있는 권리이죠. 최근에 관련 법이 제정되어서 2022년부터 주민발안이 가능하게 되었습니다. 다음으로 주민투표입니다. 이는 지방자치단체의 주요 사항에 대하여 주민들이 직접 참여해서 의사결정을 할 수 있는 제도입니다. 주민투표는 2004년부터 시행되고 있는데, 대표적으로 2011년에 서울시에서 무상급식 관련해서 주민투표가 이루어졌고, 이 과정에서 당시 서울시장이 사퇴하기도 했죠. 끝으로 주민소환제도가 있습니다. 이는 주민들이 지방의 선출직 지방공직자에 대해 소환투표를 실시하여 그 결과에 따라 임기종료 전에 해직시키는 제도입니다. 이 역시 지방자치법에 정해져 있습니다. 다만 이러한 제도는 헌법이 아닌 법적 보장일 뿐이었습니다. 즉 법이 바뀌면 얼마든지 없어질 수 있는 주민의 권리인 것이죠. 따라서 이를 헌법상 주민의 권리로 명확하게 보장하기 위해 2018년 대통령 개헌안의 제9장 지방자치 제121조에는 다음과 같은 내용이 포함되었습니다.

> 개헌안 제121조 [자치권, 주민참여권][4]
> ① 지방정부의 자치권은 주민으로부터 나온다. 주민은 지방정부를 조직하고 운영하는 데 참여할 권리를 가진다.
> ② 지방정부의 종류와 구역 등 지방정부에 관한 주요 사항은 법률로 정한다.
> ③ 주민발안, 주민투표 및 주민소환에 관하여 그 대상, 요건 등 기본적인 사항은 법률로 정하고, 구체적인 내용은 조례로 정한다.
> ④ 국가와 지방정부 간, 지방정부 상호 간 사무의 배분은 주민에게 가까운 지방정부가 우선한다는 원칙에 따라 법률로 정한다.

헌법재판소, "헌법을 근거로 심판하다"

끝으로 헌법재판소입니다. 앞선 2장에서 헌법재판소에 관해서는 이미 따로 살펴보았기 때문에 짧게 설명하도록 하겠습니다. '헌법'은 한 국가에서 최고의 법입니다. 1장에서 이야기한 것처럼 '법 위의 법'으로 표현할 수 있죠. 헌법재판소는 국회에서 만든 법률이

----

4. 통치구조 ⑪ : 현행헌법 제8장 지방자치(제117조, 제118조), 2018 대통령개헌안 지방자치규정

혹시 헌법에 어긋나는 것이 없는지 판단합니다. 그리고 헌법기관인 대통령이나 장관 등이 중대한 잘못을 저질러 국회에서 탄핵을 요구하는 경우 과연 탄핵이 정당한지 판단하는 역할도 하고 있죠. 또 각 국가기관 간에 권력 범위를 두고 서로 다툼이 생긴 경우에도 헌법을 근거로 심판하는 역할도 하고 있습니다.

이상에서 각 헌법기관의 역할에 대해 간략히 정리하기는 했지만, 아직은 구체적으로 잘 와닿지 않을지도 모릅니다. 그래서 이제부터는 몇 가지 헌법재판 판례를 통해 각 헌법기관의 역할과 책무 등을 좀 더 구체적으로 들여다보려고 합니다.

02

정당해산,
왜? 어떻게?

앞서 입법기관인 국회에 관해 설명할 때 정당에 관해 잠깐 언급했습니다. 정당 역시 헌법기관으로 보는 학자도 있지만, 헌법재판소는 국민과 국가의 중개자로서의 역할로 보고 있습니다. 정당은 헌법기관인 국회 및 국회의원이 소속되어 있기 때문에[5] 실질적 역할 수행 측면으로 헌법기관과 떼려야 뗄 수 없는 긴밀한 관계입니다. 우리나라 의회는 과반 정당이 존재하는 양당제 형태의 복수정당제입니다. 여기에서는 헌법재판에 의해 해산된 국내 및 해외의 정당 사례를 중심으로 살펴보려 합니다.

....

5. 드물기는 하지만, 특정 정당에 소속되지 않은 무소속 국회의원도 있다. 하지만 불가피한 사유로 인해 당적만 유지하지 않을 뿐 무소속이라도 특정 정당과 유기적 관계에 있는 경우가 대부분이다.

우리와 뜻이 같은 사람들, 여기 모여라!

정당이란 "공공의 이익을 도모하기 위해 정치적으로 같은 생각을 하고, 같은 가치를 추구하는 사람들끼리 모인 집단"입니다. 정당은 국민의 다양한 요구를 모아 여론을 형성하고, 이를 정부 정책에 반영하려고 노력합니다. 정당은 의회 진출을 통해 실질적 정치권력을 획득함으로써 국가 정치 전반에 다양한 영향을 미칠 수 있습니다. 원내에 진출한 정당, 그중에서도 다수의 국회의원을 확보한 정당은 입법, 예산심의 등에 있어 막강한 정치적 영향력을 행사하게 되니까요. 헌법 제8조에서는 다음과 같이 정당의 자유 등에 대해 규정하고 있습니다.

제8조

① 정당의 설립은 자유이며, 복수정당제는 보장된다.

② 정당은 그 목적·조직과 활동이 민주적이어야 하며, 국민의 정치적 의사 형성에 참여하는 데 필요한 조직을 가져야 한다.

③ 정당은 법률이 정하는 바에 의하여 국가의 보호를 받으며, 국가는 법률이 정하는 바에 의하여 정당운영에 필요한 자금을 보조할 수 있다.

④ 정당의 목적이나 활동이 민주적 기본질서에 위배될 때에는 정부는 헌법재판소에 그 해산을 제소할 수 있고, 정당은 헌법재판소의 심판에 의하여 해산된다.

민주주의의 수호 vs 해악?
정당해산심판의 양면

정당해산심판제도는 정당의 목적이나 활동이 민주적 기본질서에 위배될 때, 정부(법무부)는 헌법재판소에 그 해산을 제소할 수 있고, 헌법재판소의 심판에 의해 해산될 수 있는 제도입니다. 우리나라는 2013년 정부가 국무회의의 심의·의결을 거쳐 통합진보당의 목적과 활동이 민주적 기본질서에 위배된다고 주장하면서 정당해산심판을 청구했습니다.[6] 그리고 2014년 헌법재판소의 위헌 정당해산심판 결정에 따라 강제 해산되었죠.

정당해산심판제도의 도입 취지는 비록 정당을 보호하기 위한 것이지만, 다른 한편에서 생각하면 이 제도는 정당의 강제적 해산가능성을 헌법상 인정하는 것이기도 합니다. 즉 정당해산심판 자체가 양날의 검이 될 수 있다는 뜻입니다. 따라서 그 자체가 민주주의에 대한 제약이자 위협이 될 수 있다는 점을 주의해야 합니다. 이처럼 정당해산심판제도는 어떻게 운영하느냐에 따라 결과가 전혀 달라질 수 있습니다. 즉 운영하기에 따라서 민주주의를 수호할 수도 있지만, 반대로 민주주의를 훼손하는 무서운 무기가 될 수도 있다는 뜻입니다. 그만큼 신중하게 접근해야 합니다.

그럼 통합진보당에 대한 헌법재판소의 판단을 살펴볼까요? 먼

----
6. 헌재 2014. 12. 19. 2013헌다1

저 헌법재판소는 통합진보당의 목적이나 활동이 민주적 기본질서에 위배되는지 살폈습니다. 헌법재판소는 통합진보당의 주도세력은 폭력에 의하여 진보적 민주주의를 실현하고, 이를 기초로 통일을 통하여 최종적으로 사회주의를 실현하려는 목적을 가진다고 보았죠. 통합진보당이 북한을 추종하고 있고, 그들이 주장하는 진보적 민주주의는 북한의 대남혁명전략과 거의 모든 점에서 전체적으로 같거나 매우 유사하다고 했죠. 또한 내란 관련 사건, 비례대표 부정경선 사건, 중앙위원회 폭력 사건 등 통합진보당의 활동들은 내용적 측면에서 볼 때, 국가의 존립, 의회제도, 법치주의 및 선거제도 등을 부정했다고 판단했습니다. 특히 내란 관련 사건에서 통합진보당 구성원들이 북한에 동조하여 대한민국의 존립에 위해를 가할 수 있는 방안을 구체적으로 논의한 것은 표현의 자유 한계를 넘어 민주적 기본질서에 대한 구체적 위험성을 배가한 것이라고 보았습니다. 이런 점을 고려하여 헌법재판소는 다음과 같이 판단했습니다.

> 통합진보당의 진정한 목적이나 그에 기초한 정당활동들은 우리 사회의 민주적 기본질서에 대해 실질적 해악을 끼칠 수 있는 구체적 위험성을 초래하였다고 판단되므로, 우리 헌법상 민주적 기본질서에 위배된다.

결국 해산을 결정한 것입니다. 이렇게 통합진보당은 대한민국 헌정사에서 처음으로 법에 의해 강제로 해산된 당이라는 불명예를 안았습니다. 또 정당의 해산과 함께 소속된 국회의원들 또한 의원직을 상실하였습니다.

▍그럼에도 불구하고
▍소수의견은?

다만 이러한 해산 결정은 헌법재판관 9인의 만장일치 의견은 아닙니다. 재판관 1인은 위헌결정에 반대하는 의견을 냈는데, 이 소수의견도 함께 소개하면 다음과 같습니다.

　소수의견에서는 통합진보당이 주장하는 '민중주권'의 개념을 주권 독점의 특권적 현상을 타파하고, 지금껏 정치·경제적 권력으로부터 소외되어온 계급·계층의 주권적 권리를 실질적으로 보장하겠다는 취지로 보았습니다. 즉 국민주권의 기본원리 자체를 부인한 것은 아니라고 보았죠. 또한 국가보안법 폐지 등의 주장에 대해서도 우리 사회에서 이미 충분히 논의되고 있는 여러 현안에 대해 그저 하나의 입장을 지지하는 것에 불과하다고 보았습니다. 즉 특정 집단의 주권을 배제한다거나 기본적 인권을 부인하고 나아가 북한의 적화통일전략에 동조하는 내용을 담았다고 볼 순 없다는 거죠. 비록 통합진보당이 추구하는 대북정책이나 입장이 우리 사회의 다수 인식과 비교해 다소 동떨어진 측면은 있을지라도, 주체사상에 기초한 북한식 사회주의 추구나 북한에 대한 무조건

적 추종에 기초했다고 보기는 어렵다는 의견이었습니다. 그 밖에
도 통합진보당이 폭력적 수단이나 그 밖의 민주주의 원칙에 반하
는 수단으로 변혁을 추구하거나 민주적 기본질서의 전복을 추구
하려 한다는 점이 구체적으로 입증되지 않았다고도 했습니다.

무엇보다 정당의 해산 결정을 통해 얻을 수 있는 이익은 상대적
으로 미약한 데 반하여 그로 인해 우리 사회의 민주주의에 야기되
는 해악은 매우 심각하다는 점을 고려해야 한다고 보았습니다.

정당해산 결정은 그만큼 해산을 통한 이익이 매우 필요하고 절
실하게 요구되는 제한적인 경우에 한하여 최후적이고 보충적으로
선고되어야 한다는 것입니다. 따라서 통합진보당 소속 당원들 중
대한민국의 민주적 기본질서를 전복하려는 세력이 있다면 형사처
벌 등을 통해 그러한 세력을 정당의 정책결정 과정으로부터 배제
할 수 있는 점을 고려해야 한다고 했습니다.

독일 연방헌법재판소의
서로 다른 판결에 관하여

이러한 헌법재판소의 판결 내용이 여러분들에게는 다소 어려울지
모르겠다는 생각도 듭니다. 그런 점에서 여러분들이 위 사안에 대
해 좀 더 명확한 판단을 할 수 있도록 다른 나라의 사례도 살펴보
겠습니다. 외국의 경우도 많지는 않지만, 헌법재판에 의해 정당을

해산한 사례가 있습니다. 여기에서는 성격이 유사한 독일의 두 정당 사례를 비교하여 소개하고자 합니다.

독일 연방헌법재판소는 1952년에 히틀러가 세운 나치당의 후신인 독일 사회주의제국당(또는 독일 사회주의국가당)을 해산했습니다. 여러분도 알다시피 나치는 세계대전을 일으켜 전 세계인의 평화를 위협했고, 유대인에 대한 혹독한 탄압과 학살을 자행한 것으로 악명이 높습니다. 그런데 사회주의제국당은 2차 세계대전 패배 후 남아 있던 국가 사회주의 독일 노동당원들이 1949년 나치의 부활을 위해 만든 것입니다. 이런 역사적 맥락으로 인해 결국 독일 연방헌법재판소에서 위헌판결을 받고 강제 해산했죠. 사회주의제국당의 해산 결정은 다시는 독일 사회에서 나치즘이 싹을 틔울 수 없도록 민주주의의 틀 안에서 뿌리째 뽑아내겠다는 일종의 정치적 시도였습니다.

그런데 독일에서는 성격이 비슷한 정당에 대해 다른 판결이 나온 사례도 있습니다. 사회주의제국당이 해산되고 10여 년이 흐른 1964년에 창당된 극우정당인 독일국가민주당에 관한 것입니다. 이 정당은 독일인 최고주의와 외국인 혐오주의를 표방하는 극우정당이죠. 독일국가민주당은 반유대주의 등 인종주의와 '옛 독일제국'의 영토 회복까지 내세우는 극단적인 주장으로 악명 높습니다. 당의 강령 자체가 옛 나치와 비슷하여 공공연히 '나치정당'으로 불리죠. 실제로 이 정당에는 1952년에 헌재 해산 결정이 나온 나치 추종 사회주의제국당의 잔존 세력이 가담했기 때문에, '신나치당'이라는 딱지가 그리 억울할 것도 없습니다. 창당 이래 한때 구서독 11개 주의회 중 7곳에 의석을 가져간 역사가 있고, 특히 1969년 연방하원 선거 때는 4.3%를 득표하며 의회 입성 문턱에 이르기도 했죠.

독일 사회에서 나치즘은 일종의 금기이자 트라우마처럼 받아들여짐에도 신나치당이라는 딱지가 따라다니는 독일국가민주당은 현재까지도 독일에서 합법적 정당으로 존재합니다. 2013년 12월 독일연방 헌법재판소에 위헌정당해산심판이 제출되었지만, 2017년에 "구체적인 증거가 없고, 이 정당의 활동만으로 그런 위헌적 목표를 성공에 이르게 하지 못한다."라는 요지로 해산할 수 없다고 했습니다. 해산 결정이 내려진 비슷한 성격의 정당에 대해 다른 판결이 내려진 사례이죠. 덧붙이면 독일국가민주당은 비록 정당의 명맥은 유지하고 있지만, 현재 세력은 보잘것없습니다. 작

독일국가민주당의 운명은?

독일국가민주당(NPD)은 오랜 시간 연방과 주의회에 진출하지 못했다. 하지만 2013년에 구동독의 일부 주의회 선거에서 5% 이상을 획득해 메클렌부르크-포어포메른주와 작센주의회에 진출하였다. 이 당에 대한 논란은 여전히 사그라들지 않고 있다. 예컨대 2021년에는 네오나치 테러단체에 의한 외국인 연쇄살인사건인 NSU 살인사건의 배후로 지목받았고, 2013년 총선 당시 독일 지역 내 난민 보금자리에 대한 반대시위를 주도하기도 하는 등 논란이 끊이지 않으며 다시금 이 당을 폐지해야 한다는 사회적 요구가 또다시 거세졌다. 과연 독일국가민주당은 앞으로 어떻게 될까?

센주(州) 등 일부 구동독 지역 중심으로 당원이 5천여 명에 불과하고, 연방의회는 물론 연방 전역의 전체 16개 주의회에도 차지한 의석이 없는 등 크게 쇠락한 상태입니다.

여기에서 유사 성격의 정당에 대한 서로 다른 판결이 내려진 사례를 소개한 이유는 굳이 하나의 정답을 강요하지 않으려는 이유도 있습니다. 여러분 중에서도 같은 사안에 대해 어떤 친구는 헌법재판소의 판단대로 해산이 정당하다고 볼 수도 있고, 반대로 이러한 해산이 오히려 다양한 의견이 공존하는 민주주의에 대한 해악이 될 수 있다고도 볼 수도 있을 테니까요. 다양성을 인정하는 것이야말로 건강한 민주주의 사회에 꼭 필요한 태도가 아닐까요?

03

힘 있는 정당이 맘대로
법을 만들면 어떻게 하죠?

앞에서 우리는 여러 헌법기관에 대해 정리하면서 국회의 역할에 관해서도 두루 살펴보았습니다. 여기에서는 국회의 고유 권한인 입법과 관련하여 실제 사례를 통해 좀 더 자세히 들여다보기로 할까요?

국회의 날치기 통과에 대한
헌재의 심판은?

모든 국회의 결정은 국회의원 1인이 1표씩 행사하는 표결을 통해 의사결정이 이루어집니다. 다시 말해 다수의 의석수를 차지하는 정당의 뜻대로 국회의 의사결정이 좌지우지될 수 있다는 뜻이기도 하죠. 이와 관련해 살펴보려는 헌법재판소 판례는 날치기법 사건[7]입니다.

2009년 국회에서 법률안 의결을 위해 회의를 진행하던 중 청구인은 반대토론을 신청했습니다. 그러나 당시 국회의장은 반대토론 신청에 대한 확인이나 반대토론에 대한 허가 없이 의결을 제안했고, 곧바로 표결을 실시하겠다고 선언합니다. 이에 청구인은 반대토론을 신청하였다고 이의를 제기했으나 국회의장은 반대토론을 불허했고, 안건에 대한 표결을 계속 진행함으로써 가결을 선포했습니다. 이른바 날치기 통과가 된 거죠.

이에 청구인은 자신의 반대토론 신청을 불허당한 데 대해 해당 국회의원으로서 법률안 심의·표결권을 침해하였다고 주장하며 국회의장을 피청구인으로 하여 그 권한의 침해 확인과 해당 법률안 가결 선포행위의 무효 확인을 구하는 권한쟁의심판을 헌법재판소에 청구한 것입니다.

헌법재판소는 우선 국회의원의 법률안 심의·표결권은 의회민주주의의 원리, 입법권을 국회에 귀속시키고 있는 헌법 제40조, 국민에 의하여 선출되는 국회의원으로 국회를 구성한다고 규정한 헌법 제41조 제1항 및 국회의결에 관하여 규정한 헌법 제49조로부터 당연히 도출되는 헌법상의 권한이라 보았습니다. 그리고 의회주의

7. 헌재 2011. 8. 30. 2009헌라7

의 핵심은 국민을 대표하는 의원들이 제안·질의·토론 등 심의 과정을 통해 국정에 관하여 자유로이 의견을 개진한 후 표결에 따라 의사결정을 한다는 데 있다고 했습니다. 만약 질의·토론 과정에서 소수파의 토론 기회를 박탈하거나 아예 토론 절차를 열지 아니한 채 표결을 진행하여 결론을 내리게 된다면, 다양한 견해에 입각한 의안의 심의 및 타협은 불가능하게 되고, 결과적으로 의회주의를 부정하는 결과를 가져온다고 보았죠. 비록 국회의장에게는 국회의 의사진행에 관한 폭넓은 권한이 부여되어 있기는 하지만, 법률안 심의절차상 국회의원의 적법한 반대토론 신청이 있었음에도 이를 허가하지 않은 채 심의 절차를 진행한 행위는 국회의원의 법률안 심의·표결권을 침해한 것이라고 보았습니다. 다만 해당 법률안의 심의·표결 절차에 있어 그 밖에 국회법상 다른 위반사항이 없고, 재적의원 과반수 출석과 출석의원 중 압도적 다수의 찬성으로 가결된다는 점을 고려해 해당 법률안 가결을 무효라 볼 순 없다고 했죠.

국회법 개정에도
여전히 막강한 다수당의 권한

사실 우리나라 국회에서 과반수 의석을 차지하고 있는 정당은 마음만 먹으면 그 어떤 법안도 통과시킬 수 있습니다. 표결로 결정되는 시스템 안에서 과반의석을 가진 정당이 의석수로 밀어붙이면

#안본_#눈_#삽니다

소수당은 잘못된 법의 통과를 합법적으로 막을 수 있는 방법이 사실상 없기 때문입니다. 그래서 과거에는 의결을 막기 위해 본회의 사회권을 가진 국회의장을 감금하거나, 본회의 의장석을 점거하는 등의 행위도 벌어지곤 했죠. 그럴 때마다 국회 안에서는 국회의원 간의 볼썽사나운 격렬한 몸싸움까지 일어나는 난장판이 연출되기도 했습니다.

몸싸움을 동반한 국회의 난장판 현장이 언론을 통해 알려질 때마다 대다수 국민들은 대의정치를 실현하라고 뽑아준 의회의 참담한 모습에 실망하는 한편, 나아가 정치에 대한 혐오와 회의감마저 들곤 합니다. 그래서 이러한 일을 막고자 2012년에 국회법을 개정했습니다. 원래는 국회의원이 법안을 발의하면 그 법안에 해당되는 분야의 국회 상임위원회에서 그 법안을 심사했습니다. 예컨대 환경과 관련된 법안은 환경노동위원회, 국방과 관련된 법안은 국방위원회가 심사를 맡는 식이죠. 이후 법제사법위원회에서 모든 법률안에 대해 마지막으로 체계·자구 심사를 한 뒤 국회 본회의에 상정하고 찬반 투표의 과정을 거치도록 하고 있습니다.

그런데 보통은 국회 상임위의 법안 심사 단계에서 발목이 잡히는 경우가 많습니다. 그래서 국회에서 과반 의석을 가진 정당은 국회의장 직권으로 심의를 생략한 채 본회의에 바로 상정하도록 하는 직권상정을 통해 머릿수로 밀어붙여 통과시키는 꼼수를 쓸 때가 많았습니다. 이런 경우 국회의장의 직권상정을 막겠다며 국회의원 간에 몸싸움까지 일어났던 것입니다.

개정된 국회법에서는 이러한 국회의장의 직권상정을 엄격하게 바꿨습니다. 즉 소수당이 각 상임위원회와 법제사법위원회에서 충분히 자신의 목소리를 낼 수 있도록 한 것이죠. 그리고 국회의장은 천재지변이나 국가비상사태, 그리고 원내 교섭단체 간 합의시에만 직권상정을 할 수 있도록 했습니다. 이를 통해 소수의견이 더욱 반영될 수 있도록 조치했지만, 여전히 우리 국회에서는 소수당의 의견이 제대로 반영되기 어렵습니다.

특히 다수당이 법제사법위원회를 장악하고 있다면 사실상 위원회의 논의는 유명무실한 것이나 마찬가지입니다. 헌법재판소가 얘기한 대로 질의·토론 과정에서 소수파의 토론 기회를 박탈하거나 아예 토론 절차조차 열지 아니한 채 무조건 표결을 강행하여 의결수에 따라 결론을 내리게 된다면, 다양한 견해에 입각한 의안의 심의 및 타협은 사실상 불가능한 일이죠. 앞으로 이런 폐단이 사라지지 않는다면 결과적으로 다양성을 존중하는 민주주의 또한 훼손될 수밖에 없지 않을까요?

04

대통령이라고
마음대로 하면 안 됩니다!

앞서 우리나라 헌법기관 중 정부에 관해 설명하면서 정부의 수장은 대통령이며, 대통령이 행정부를 통솔 지휘하는 리더의 역할을 한다고 했습니다. 국민투표를 통해 선출되는 대통령은 우리나라를 대표하여 세계 여러 나라와의 외교를 통해 국익을 도모함은 물론 세계평화나 환경문제 등 국제사회 문제해결에도 참여합니다. 또 국군통수권을 가지고 군대를 총괄하는 등 실로 막중한 역할을 수행합니다. 국회와 더불어 국민을 대표하는 거죠. 국민을 대표한다는 것은 정치를 통해서 국민의 뜻을 제대로 실현해야 한다는 뜻이기도 합니다. 이와 관련해 앞서도 언급했지만, 헌법 제66조에는 국가원수, 헌법수호자, 행정의 책임자 등 대통령의 역할이 명시되어 있습니다.

제66조

① 대통령은 국가의 원수이며, 외국에 대하여 국가를 대표한다.

② 대통령은 국가의 독립 · 영토의 보전 · 국가의 계속성과 헌법을 수호
   할 책무를 진다.

③ 대통령은 조국의 평화적 통일을 위한 성실한 의무를 진다.

④ 행정권은 대통령을 수반으로 하는 정부에 속한다.

특히 제4항에 나오는 행정권은 앞의 국회의 '입법권'과 더불어 매우 중요한 국가의 기능입니다. 법원의 '사법권'과 함께 3대 국가권력이기도 하죠. 그만큼 중대하고 또 강력한 권력입니다. 국회에서 법을 만들면, 이 법에 따라서 실제 나라의 살림을 꾸려가는 것은 대통령과 정부입니다. 그리고 법에 따라 이러한 집행이 잘 이루어지고 있는지 판단하는 곳이 법원인 것입니다.

권리도 의무도 모두 막중한
대통령

대통령의 역할이 워낙 막중한 만큼, 대통령 선거가 돌아올 때마다 유권자들도 어떤 대통령을 뽑을지 신중하게 고민하게 됩니다. 특히 국민들은 선거운동 과정에서 각 후보자들이 내세운 주요 공약들도 꼼꼼하게 따져보며 후회 없는 현명한 선택을 하려고 하죠.

한편 대통령 후보자들은 TV토론과 선거 유세 등을 통해 자신이 어떤 목표를 갖고 대통령 후보로 나섰는지를 대중에게 밝히게 됩니다. 다만 아무리 좋은 정책도 이를 펼치려면 일단 대통령 당선이 된 이후여야 하는 만큼, 선거운동 과정에서는 생산적인 정책토론이 이루어지기보다는 서로의 약점을 집요하게 파고들어 물고 늘어짐으로써 일단 상대 후보를 떨어뜨리려는 네거티브 전략도 선거판에서는 흔히 벌어지는 일입니다. 대통령 선출은 국가의 중차대한 일입니다. 대통령 선거 후 당선인은 대통령 취임 시 국민 앞에서 헌법 제69조에 나오는 다음과 같은 선서를 합니다.

> 제69조 대통령은 취임에 즈음하여 다음의 선서를 한다.
> "나는 헌법을 준수하고 국가를 보위하며 조국의 평화적 통일과 국민의 자유와 복리의 증진 및 민족문화의 창달에 노력하여 대통령으로서의 직책을 성실히 수행할 것을 국민 앞에 엄숙히 선서합니다."

막중한 권리와 의무를 동시에 갖는 무거운 직책인 대통령은 원칙적으로 임기가 보장됩니다. 만약 대통령의 자리가 이런저런 이슈에 따라 시도 때도 없이 흔들리면 자칫 국정 동력을 상실할 우려가 있고, 이는 나라 전체에 심각한 위기를 초래할 수도 있으니까요. 하지만 그렇다고 뭐든 대통령 맘대로 할 수 있는 건 절대 아닙니다. 만약 대통령이 권리를 남용하거나 의무를 위반했을 때 국회의 의결과 헌법재판소의 판결에 따라 파면될 수도 있죠. 바로 탄핵입니다.

제65조

① 대통령·국무총리·국무위원·행정각부의 장·헌법재판소 재판
관·법관·중앙선거관리위원회 위원·감사원장·감사위원 기타 법
률이 정한 공무원이 그 직무집행에 있어서 헌법이나 법률을 위배한
때에는 국회는 탄핵의 소추를 의결할 수 있다.

② 제1항의 탄핵소추는 국회재적의원 3분의 1 이상의 발의가 있어야 하
며, 그 의결은 국회재적의원 과반수의 찬성이 있어야 한다. 다만, 대
통령에 대한 탄핵소추는 국회재적의원 과반수의 발의와 국회재적의
원 3분의 2 이상의 찬성이 있어야 한다.

③ 탄핵소추의 의결을 받은 자는 탄핵심판이 있을 때까지 그 권한행사
가 정지된다.

④ 탄핵결정은 공직으로부터 파면함에 그친다. 그러나, 이에 의하여 민
사상이나 형사상의 책임이 면제되지는 아니한다.

대한민국 헌정사상
최초의 대통령 탄핵 사건

2017년 3월 10일 헌법재판소는 결국 우리나라 헌정사 최초로 대
통령 탄핵을 결정합니다.[8] 박근혜 대통령은 선출되지 않은 실세,

....
8. 헌재 2017. 3. 10. 2016헌나1

이른바 비선실세가 추천한 인사를 다수 공직에 임명하였고, 이렇게 임명된 일부 공직자는 국익이 아닌 비선실세의 이권 추구를 돕는 역할을 하였습니다. 또한 대통령의 지시 또는 묵인하에 비선실세에게 대통령의 일정·외교·인사·정책 등에 관한 비밀을 요하는 내용이 포함된 문건들까지 전달되기도 했습니다. 이런 정보는 대부분 대통령의 직무와 관련된 것으로, 만약 일반에 알려질 경우 행정 목적을 해칠 우려가 있습니다. 따라서 이런 정보들은 실질적으로 비밀로 보호할 가치가 있는 직무상 비밀에 해당되며, 절대 일반에 유출할 수 없는 것들이죠. 또한 기업에 대하여 특정인을 채용하도록 요구하고, 특정 회사와 계약을 체결하도록 요청하는 등의 사사로이 특혜를 주는 식으로 대통령의 지위와 권한을 이용하여 사기업 경영에까지 관여하였습니다.

대통령의 이와 같은 실책에 대해 헌법재판소는 먼저 대통령의 의무 규정을 살펴보았습니다. 헌법 제7조 제1항은 국민주권주의와 대의민주주의를 바탕으로 공무원을 '국민 전체에 대한 봉사자'로 규정하며 공무원의 공익실현 의무를 천명하고 있다고 했습니다. 게다가 헌법 제69조는 대통령의 공익실현 의무를 다시 한번 강조합니다. 대통령은 '국민 전체'에 대한 봉사자이므로 특정 정당, 자신이 속한 계급·종교·지역·사회단체, 자신과 친분 있는 세력의 특수한 이익 등으로부터 독립하여 국민 전체를 위하여 공정하고 균형 있게 업무를 수행할 의무가 있다고 규정한 것입니다.

하지만 이러한 헌법 조항에도 불구하고 박근혜 대통령은 국민

#대통령도_#마음대로_할_순_#없습니다!

으로부터 위임받은 권한을 사적 용도로 남용하여 적극적·반복적으로 비선실세의 사익 추구를 도와주었다고 보았고, 그 과정에서 대통령의 지위를 이용하거나 국가의 기관과 조직을 동원하였다는 점에서 법 위반의 정도가 매우 무겁다고 판단했던 것입니다. 대통령은 공무 수행을 투명하게 공개하여 국민의 평가를 받아야 함에도 비선실세의 국정 개입을 허용하고 또 이러한 사실을 철저히 비밀에 부쳤다고 보았습니다. 세간에 관련된 의혹이 제기될 때마다 이를 부인하며 오히려 의혹 제기 행위만을 비난함으로써 권력분립원리에 따른 국회 등 헌법기관에 의한 견제나 언론 등 민간에 의한 감시 장치가 제대로 작동될 수 없었다고 했습니다. 이와 같은 대통령의 일련의 행위는 대의민주제의 원리와 법치주의의 정신을 훼손한 것으로서 대통령으로서의 공익실현 의무를 중대하게 위반한 것이라고 했습니다.

대통령으로서 이러한 헌법과 법률 위배행위는 국민의 신임을 배반한 행위로서 헌법수호의 관점에서 용납될 수 없는 중대한 법 위배행위라고 헌법재판소는 판단했습니다. 헌법질서에 미치게 된 부정적 영향과 파급 효과가 워낙 중대하다 보니, 대통령을 파면함으로써 얻는 헌법수호의 이익이 대통령 파면에 따른 국가적 손실을 압도할 정도로 크다고 본 거죠. 이에 따라 헌법재판소는 박근혜 대통령을 파면했습니다.

대통령이 아무리 국가의 수반이라고 해도 뭐든 마음대로 할 수 없다는 점을 잊지 말아야 합니다. 대통령에게 국가 최고의 권력을 부여하는 것은 결국 국민 개개인입니다. 이와 관련해서 앞에서도 언급했지만, 헌법 제1조의 모든 권력은 국민으로부터 나온다는 조항을 되새겨 봅니다.

제1조

① 대한민국은 민주공화국이다.

② 대한민국의 주권은 국민에게 있고, 모든 권력은 국민으로부터 나온다.

헌법은
우리와 함께 진화한다

지금까지 우리는 우리나라는 물론 해외에 이르기까지 헌법에 관한 이모저모와 관련된 사례들도 함께 살펴보았습니다. 국회, 대통령, 법원, 헌법재판소 등은 모두 헌법기관이며, 또 이들은 각각의 자리에서 헌법을 수호합니다. 무엇보다 헌법이 보장하는 국민의 기본권이 무엇이며, 헌법이 이를 어떻게 보호하고, 한편으론 왜 제한할 수밖에 없는지에 관해서도 생각해보았을 것입니다. 특히 헌법에 관한 이런저런 이야기들을 살펴보는 동안 여러분 각자의 관점에서 다양한 생각들을 펼쳐볼 기회도 가졌을지 모릅니다.

최고규범이자, 역사성을 띠며 변화하는 헌법

앞서 헌법은 역사성을 갖는다고 설명한 것처럼 한 국가의 최고규범으로서 가장 중대한 기준이 되는 '헌법'이지만, 절대 바뀌지 않는 고정불변의 것은 아닙니다. 충분히 바뀔 수 있습니다. 시대 변화에 따라 동일한 개념에 대한 가치평가는 얼마든지 달라질 수 있고, 국민 전반의 의식 수준도 변화합니다. 그에 맞게 헌법에 대한 해석도

달라질 수 있죠. 하지만 해석의 문제를 떠나 기존 헌법으로 채울 수 없는 부분이 있을 때는 헌법을 고쳐야 하는 경우도 생깁니다.

헌법을 고치는 것을 '개헌'이라고 합니다. 다만 헌법은 일반 법률처럼 자주 바뀌지 않고, 개정 과정도 매우 까다로운 편입니다. 국회에서의 의결만 아니라 국민투표를 통해서도 의결이 이루어져야 하기 때문이죠. 이와 관련한 조문은 다음과 같습니다.

제128조

① 헌법개정은 국회재적의원 과반수 또는 대통령의 발의로 제안된다.

② 대통령의 임기연장 또는 중임변경을 위한 헌법개정은 그 헌법개정 제안 당시의 대통령에 대하여는 효력이 없다.

제129조

제안된 헌법개정안은 대통령이 20일 이상의 기간 이를 공고하여야 한다.

제130조

① 국회는 헌법개정안이 공고된 날로부터 60일 이내에 의결하여야 하며, 국회의 의결은 재적의원 3분의 2 이상의 찬성을 얻어야 한다.

② 헌법개정안은 국회가 의결한 후 30일 이내에 국민투표에 붙여 국회의 원선거권자 과반수의 투표와 투표자 과반수의 찬성을 얻어야 한다.

③ 헌법개정안이 제2항의 찬성을 얻은 때에는 헌법개정은 확정되며, 대통령은 즉시 이를 공포하여야 한다.

개헌에서 중요한 것은 절차적 정당성의 준수만이 아닙니다. 무엇보다 개헌에는 국민의 뜻이 제대로 반영되어야 하죠. 민의가 올바로 반영되지 않은 개헌은 국민을 구속하는 대단히 위험하고 치명적인 무기가 될 테니까요. 앞서도 소개한 바 있는 우리나라를 포함해 세계 헌법사에서 권력자의 정치 수단으로 악용된 개헌 사례들을 반면교사로 삼으며 잊지 말아야 합니다.

헌법은 평화적 생존권을 보장할 수 있을까?

헌법이 진화할수록 기본권도 국민의 안녕을 좀 더 폭넓게 보장할 필요성이 제기됩니다. 2022년 세계는 또 한 번 전쟁의 참혹함을 목격하였습니다. 러시아의 무력 침공에 우크라이나의 도시 곳곳이 파괴되었죠. 무차별 폭격 속에서 시민들이 생활해온 삶의 터전은 사라지고, 다양한 사회기반시설이 파괴되었습니다. 군인뿐만 아니라 여성, 어린아이를 포함해 무고한 수많은 시민들까지 목숨을 잃었죠. 나라를 지키려 용감히 맞서는 우크라이나 사람들과 연대하여 전쟁을 멈추고 세계평화를 외치는 세계시민의 목소리가 높아졌습니다. 이처럼 세계 곳곳에서 전쟁의 긴장감이 높아질수록 평화적 생존권에 대해 생각하게 됩니다.

제2차 세계대전 이후 더 이상 비극적인 전쟁이 일어나지 않도록 국제평화에 대한 인류의 염원을 담아 1945년 10월 24일에 국제연합(UN)이 탄생했습니다. 1968년 국제연합은 제1회 세계인권회의에서 테헤란 선언을 채택하고 국제사회의 긴장감 증대로 인해 인류의 생존이 위협받고 있어서 평화를 인권으로 수용해야 한다고 주장했습니다. 또한 1970년대 국제연합 인권위원회는 평화적 생존권을 인권으로 제시하기도 했죠. 더불어 1978년 국제연합 총회는 '평화적 생존의 사회적 준비에 관한 선언'에서 모든 국가와 인간은 인종·신조·언어·성별을 불문하고 평화적 생존의 고유한 권리를 갖는다고 규정했습니다.

분단국가인 우리나라도 헌법 전문에서 "조국의 평화적 통일", "항구적인 세계평화"를 추구할 이념 내지 목적으로 규정하고 있습니다. 또한 헌법 조문을 살펴보면 평화적 통일정책에 관하여(제4조), 국제평화 유지의 노력과 침략전쟁의 부인에 관하여(제5조 제1항), 국제법규 존중에 관하여(제6조 제1항)가 각각 규정되어 있습니다. 이처럼 우리 헌법은 침략적 전쟁을 부인하고 조국의 평화적 통일을 지향하며 항구적인 세계평화 유지에 노력해야 한다고 규정합니다. 또한 국가는 국민이 전쟁과 테러 등 무력행위로부터 자유로운 평화 속에서 생활을 영위하면서 인간의 존엄과 가치를 지키고 헌법상 보장된 기본권을 최대한 누릴 수 있게 노력할 책무가 있죠.

그렇다면 이런 헌법 규정을 근거로 '평화적 생존권'[9]을 인정할 수 있을까요? 다시 말해 평화적 생존이 헌법상 국민의 기본권으로 인

....
9. 헌재 2009.5.28. 2007헌마369

정받을 수 있을까요? 이웃 나라인 일본의 경우 헌법 전문에 "평화 속에 생존할 권리"라는 표현이 들어 있고, 제9조에서는 전쟁을 포기하고 전력 및 교전권을 부인하는 규정까지 두고 있습니다. 이에 따라 하급심 법원에서는 평화적 생존권을 기본권으로서 인정하기도 했습니다. 하지만 일본 최고재판소는 평화적 생존권으로 주장된 '평화'란 이념 내지는 목적으로서의 추상적 개념일 뿐, 그 자체가 독립된 권리가 될 수 없다고 하여 구체적인 기본권성을 부정했죠.

그렇다면 우리나라는 어떨까요? 결론부터 얘기하면 우리나라에서도 기본권성은 부정되었습니다. 헌법재판소는 평화주의가 헌법적 이념 또는 목적이라고 해도 이것으로부터 국민 개인의 평화적 생존권이 바로 도출될 수 있는 것은 아니라고 보았습니다. 평화적 생존권을 구체적 기본권으로 인정한다고 가정하더라도 우리나라 헌법상 그 권리 내용이란 "침략전쟁에 강제로 동원되지 아니할 권리", "침략전쟁을 위한 군사연습, 군사기지 건설, 살상무기의 제조·수입 등 전쟁준비 행위가 국민에게 중대한 공포를 초래할 경우 관련 공권력 행사의 정지를 구할 권리" 등일 것이라고 보았습니다. 다만 여기서 침략전쟁과 방어전쟁의 구별이 불분명하기에 고도의 정치적 결단에 해당하므로 사법심사를 자제할 대상으로 보아야 한다고 했습니다. 그렇기에 평상시의 군사연습, 군사기지 건설, 무기의 제조·수입 등 군비 확충 등의 행위는 침략적 전쟁 준비라기보다는 방어전쟁에 대한 대비로 보아야 한다고 했습니다.

전쟁으로 인해 평화가 무너지면 시민들의 평범한 일상 또한 순

식간에 무너지고 맙니다. 즉 평화가 깨지면 국민의 평범한 일상의 영위도 행복한 삶도 하루아침에 망가질 수 있다는 뜻입니다. 이렇게 볼 때, 평화적인 생존권이야말로 인간이 인간다운 삶을 위해 보장되어야 할 최소한의 권리가 아닐까요? 여러분은 어떻게 생각하시나요? 앞서 살펴본 헌법 10조에서는 "모든 국민은 행복을 추구할 권리를 가진다"라고 하며 행복추구권을 규정합니다. 평화적 생존권 역시 이러한 행복추구권으로부터 인정될 수 있다고 보시나요? 아니면 헌법재판소가 판단한 대로 평화적 생존권은 인정하기 어렵다고 생각하시나요?

인권이 소중한 만큼 동물권도 인정되면 어떨까?

평화적 생존권과 함께 헌법의 진화 차원에서 생각해볼 만한 또 다른 주제로 동물권이 있습니다. 최근 차마 입에 담기 어려울 만큼 잔혹한 형태의 동물 학대가 세간에 계속 알려지면서 공분을 사고 있습니다. 거리를 떠도는 유기견이나 유기묘 등에 대한 학대는 물론, 함께 생활하는 가족 같은 반려동물에 대한 끔찍한 학대도 일어나고 있죠. 심지어 우리나라에서 이런 동물 대상 잔혹 범죄는 점점 더 늘어가는 추세입니다. 길고양이나 떠돌이개들에게 재미 삼아 방화를 한다거나, 반려견, 반려묘를 학대하는 영상을 찍고 이를 SNS 등에 공유하는 사람들도 있습니다. 단순한 괴롭힘을 넘어 학대 강도가 나날이 잔혹해지고 있어 언론 보도로 접한 사람들을 충격에 빠트리기도 합니다.

아쉽게도 우리나라는 동물학대에 대한 처벌이 솜방망이 수준에 그치는 경우가 많았습니다. 또한 동물은 현재 법적으로 하나의 '생명'으로 인정되기보다는 누군가의 '소유물'로 규정되어 있죠. 물론 동물보호법에 따르면 최고 3년 이하의 징역형으로 처벌할 수 있습니다. 사람 대 사람 간에 이루어진 폭행죄 처벌이 2년 이하의 징역인 점을 감안하면 결코 낮은 형량은 아닙니다. 문제는 실제로는 벌금형에 그치는 경우가 대다수라는 점입니다. 설사 검찰이 징역 3년을 구형한다고 해도 법원 판결은 구형대로 나온 사례가 아직 없습니다. 판사가 선고를 내릴 때 참고하는 마땅한 양형기준이 없다 보니 가혹행위에 비하면 터무니없을 만큼 약한 처벌이 내려지기 일쑤이죠.

이와 달리 해외에서는 이미 동물 관련 법이 한층 보편적이고 강력하게 정해지는 추세입니다. 심지어 동물을 위해 헌법을 개정하기도 하죠. 스위스가 대표적입니다. 1992년에 헌법을 개정하여 기존의 동물을 물건(소유물)에서 생명으로 인정했죠. 헌법개정에 따라 민법 등에도 "동물은 물건이 아니다."라는 조항을 추가했다고 합니다. 또한 독일은 2002년 세계 최초로 동물에게 헌법상 권리를 부여했습니다. 헌법에 "국가는 자연적 생활기반과 동물을 보호한다."고 명시한 것입니다. 즉 한 생명으로서의 존중을 넘어 국가가 마땅히 보호해야 하는 구성원으로 인정한 셈이죠. 헌법적 차원에

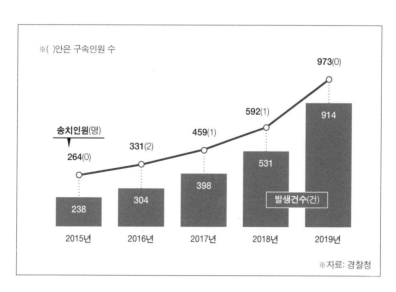

※( )안은 구속인원 수

973(0)

592(1)

459(1)

송치인원(명)
331(2)

264(0)

914

531

발생건수(건)

398

238

304

2015년 2016년 2017년 2018년 2019년

※자료: 경찰청

우리나라의 동물보호법 위반 현황

우리나라에서 동물보호법 위반은 가파르게 늘고 있다. 아울러 세상에 드러나지 않은 채 암암리에 이뤄지는 학대까지 포함하면 훨씬 엄청난 수치일 것이다. 또한 동물보호법 위반으로 재판을 받는다고 해도 처벌 수위는 미약한 편이다.

서 동물을 '생명체를 가진 존재'로서 존중한다고 명시한 것입니다. 이 밖에 인도, 브라질, 룩셈부르크, 오스트리아, 이집트 등도 동물보호를 헌법에 규정하고 있습니다. 인도 헌법 21조에서는 "인간의 권리를 보호하면서 생명을 보호해야 한다."고 되어 있는데, 여기에 동물을 포함하고 있죠. 브라질의 경우에는 동물학대 금지를 헌법에 규정하고 있습니다.

헌법에 동물보호가 규정되어 있으면 여러 가지 실질적인 효과를 기대할 수 있습니다. 물론 먼저 정부 차원에서 동물학대 사례 또는 잔인한 행위에 대해 적극적으로 조치를 취해야 할 필요가 있습니다. 다음으로 헌법에 동물보호가 명시된다면 재판에서 동물보호에 유리한 판결을 내릴 수 있죠. 앞서도 얘기한 바 있지만, 법은 법관에 의한 해석이 중요합니다. 만약 헌법에 동물보호가 명시되어 있다면 판사가 헌법을 기준으로 삼아 동물에게 가장 유리하게 해석하도록 하는 기준이 될 것입니다. 끝으로 헌법에 동물보호를 명시함으로써 동물을 보호하기 위해 필요하다면 인간의 기본권을 제한할 권리가 생깁니다. 예컨대 사람들이 하는 동물 사업에 동물보호 관점에서 제한이 가해질 수도 있죠.

우리나라는 아직 헌법에 동물보호를 포함하고 있지는 않지만, 관련 논의는 이뤄지고 있습니다. 2018년 3월 23일 대통령이 발의한 헌법 개정안에는 "국가는 동물보호를 위한 정책을 시행해야 한다."고 규정되었습니다. 당장은 아니지만 언젠가는 우리나라에서도 다른 나라들처럼 동물보호가 헌법 조문에 포함되는 날이 올 거라고 기대합니다.

위대한 시민의 힘으로 민주주의를 꽃피우다

여기까지 읽으면서도 여전히 '우리가 무슨 수로 헌법을 바꿀 수 있겠어?'라며 회의적으로 생각하는 친구들도 있을 것입니다. 그런데 여러 사람들이 같은 생각을 하고 의견을 표현하다 보면 절대 바뀌지 않을 것처럼 굳건해 보이던 헌법도 변화합니다. 1장에서도 언급한 바 있는 남미 칠레의 '피노체트 헌법'이 40년 만에 국민투표로 바뀌게 된 이야기를 한번 해볼까요?

2019년 칠레에서는 지하철 요금 인상으로 시작된 시민들의 시위가 개헌 요구로 확산되었습니다. 칠레의 피노체트 헌법은 군부독재 시절에 제정된 헌법입니다. 지금까지도 독재자, 학살자로 악명 높은 칠레의 아우구스토 피노체트는 육해공군 및 헌병군 총사령관의 자격으로 1973년 9월 11일에 미국과 기득권층의 지원을 등에 업고, 군사 쿠데타를 일으켜 국민에 의해 선출된 민선 정부인 아옌데 정권[10]을 무너뜨렸습니다. 쿠데타 이후 좌익 색출 등을 명분으로 수천 수만 명이 살해되는 등 군부가 정권을 장악한 후 칠레 역사상 유례를 찾기 어려울 만큼 잔혹한 폭력 통치가 이루어졌죠.

1925년에 제정된 구헌법은 피노체트 군사정권이 들어선 이후 1980년에 만들어진 피노체트 헌법으로 대체되었고, 이것이 수차례 개헌을 거치며 최근까지 이어졌습니다. 오랜 시간 군부 지배 속에서 수많은 사람들이 살해와 고문을 당하는 등의 인권탄압이 자행되었습니다. 정치적인 탄압뿐만 아니라 경제적으로도 칠레 사람들은 2010년 남미 국가 중 OCED에 가장 먼저 가입했지만, 소득불균형이 OECD 중 가장 극심한 나라로 알려져 있습니다. 교육과 의료 서비스에서의 차별이 심각하고, 서민 대다수는 생활물가조차 감당하기 힘들 정도로 어렵게 살고 있었죠. 여기에 2019년

....
10. 민주적 법질서 내에 성립된 칠레의 사회주의 정권이다. 빈부격차를 해소하고 외국자본을 규제하는 등의 개혁정책을 펼쳤다.

지하철 요금 인상과 함께 칠레 국민들의 억눌려온 분노가 폭발하고 만 것입니다. 현행 헌법이 공공 서비스를 무분별하게 민영화하는 등으로 사회 불평등을 부추기는 주범이 되었다고 본 거죠.[11] 결국 국민투표로 개헌이 결정되었습니다. 앞으로 칠레가 어떤 나라로 변모하게 될지는 좀 더 지켜봐야 하겠지만, 시민들의 힘으로 이뤄낸 개헌이라는 점에서 큰 의미를 부여할 수 있습니다.

우리나라 역시 마찬가지입니다. 우리나라 헌법은 1948년 제헌헌법 이후 1987년 헌법까지 9번이 바뀌었습니다. 물론 그 과정이 모두 아름답기만 했던 것은 아닙니다. 예컨대 앞서 언급했던 유신헌법처럼 독재정권 연장을 위한 개헌도 있었으니까요. 하지만 1987년 6월 민주화 운동을 거친 후, 현행 9차 개정 헌법까지 조금씩 진정한 민주주의 국가로 나아가고 있습니다. 이러한 과정에서 때론 어린 초등학생들이 앞장서기도 했습니다. 1960년의 4.19혁명은 1987년 6월 민주항쟁처럼 시민들이 부당한 정부에 맞서 싸운 혁명입니다. 이때 서울의 수송초등학교에 재학 중이던 학생들 100여 명도 함께 나서서 덕수궁 앞에 서 있는 탱크 앞으로 나갔습니다. 어린 학생들이 들고 있던 현수막에는 이런 내용이 쓰여 있었죠.

"부모, 형제들에게 총부리를 대지 말라!"

"우리는 민주정의를 위해 싸운다!"

....
11. 고미혜, 〈불평등 향한 칠레 시위대 분노, '피노체트 헌법' 몰아냈다〉, 《연합뉴스》, 2020.10.26. 참조

이렇게 초등학생들까지 나서서 독재와 부정선거에 맞서자 더 많은 시민들이 호응하며 함께 거리로 나선 것입니다.

우리가 함께 만들어갈 진화된 헌법의 미래 모습은?

우리가 코로나19 팬데믹을 통해 경험한 것처럼 앞으로 살아가야 할 불확실성 시대는 하나의 고정된 정답이 아닌 변화하는 상황에 맞게 다양하고 유연한 해결방안을 떠올리는 것이 더욱 중요해졌습니다. 이런 때에는 어느 한 사람의 머리에서 나온 생각보다는 사회구성원들이 서로 협력하거나 경쟁하여 쌓은 지적 능력의 결과로 얻어진 집단지성이 필요하죠. 당연히 사회 구성원 각자의 생각하는 힘이 강조될 수밖에 없습니다. 스스로 생각하기를 꺼리고, 그저 다수의 의견에 휩쓸려 따라가기만 한다면 더 나은 변화도 기대하기 어렵습니다. 헌법재판소의 결정도 늘 만장일치만 있는 것은 아닙니다. 재판관에 따라 다른 의견을 제시하기도 하며, 그것이 비록 최종 결정에는 반영되지 않더라도 소수의견을 소개하며 존중하죠. 그리고 그러한 소수의견은 향후 새로운 결정을 이끌어내는 물꼬가 되기도 합니다. 따라서 다수의 의견도 소수의 의견도 그 나름대로 존중받아야 하며, 이를 위해서는 서로 다른 생각의 공존을 인정해야 하죠.

평소 어떤 사안에 대해서 자신의 입장에서 자유롭게 생각해보는 것이 중요합니다. 그저 다수의 의견이니까 무심코 따르는 것이 아니라 자신의 입장에서 한 번 진지하게 생각해보고 필요하다면 솔직하게 의문을 제기해보는 거죠. 시민들의 이런 다양한 생각들이 모이고, 뜨거운 토론이 벌어지며, 최선의 결과가 도출되고, 이것이 잘 반영될 때, 헌법도 소수 권력자들에게 휘둘리지 않고 올바른 방향으로 정의롭게 진화하지 않을까요?

지금의 헌법 또한 앞서 무수히 많은 사람들의 논의와 토론, 때로는 피나는 투쟁까지도 거치며 만들어졌고, 늘 치열한 논쟁을 거쳐 신중하게 해석되고 있습니다. 그리고 이 모든 과정은 지금 이 순간에도 끊임없이 이루어지고 있죠. 하나의 벽돌은 그저 돌덩어리에 불과하지만, 그 벽돌들이 쌓이고 쌓여 거대하고 복잡한 건물을 이룹니다. 벽돌이 잘못 놓이면 무모하게 그 위치에 계속 쌓아올리기보다는 잘못된 부분을 허물고 다시 올려야 합니다. 또 낡고 붕괴위험이 있는 부분들에 대해서는 과감한 보수도 필요하죠. 헌법도 마찬가지입니다.

자, 여러분은 헌법이란 건물에 어떠한 벽돌을 쌓고 싶나요? 우리 모두가 함께 만들어갈 헌법이 미래에 과연 어떤 모습으로 진화하게 될지, 또 어떻게 정의를 실현할지 매우 궁금하고 또 기대가 됩니다.

참고자료

단행본

장호순, 《미국헌법과 인권의 역사》, 개마고원, 1998.

기사

고미혜, 〈불평등 향한 칠레 시위대 분노, '피노체트 헌법' 몰아냈다〉, 《연합뉴스》, 2020.10.26.

고웅석, 〈'신상공개 위헌제청' 의미와 파장〉, 《한경사회》, 2006.4.2.

곽노근, 일기검사는 인권침해인가② 국가인권위원회 보도자료를 중심으로, 《에듀인뉴스》, 2021.1.28

구미현, 〈투표소에서 만난 고3 유권자…"청소년들 선거 관심 많아"〉, 《NEWSIS》, 2022.3.9.

김기성, 〈32년 만에 바로잡은 '살인의 추억'…윤성여씨 재심 "무죄"〉, 《한겨레》, 2020.12.17.(수정: 2020.12.18).

민지형·장은지, 〈위헌결정난 긴급조치 1·2·9호는?〉, 《new1》, 2013.3.21.

정대한, 〈[이슈크래커] 일본 법원 "동성결혼 금지는 위헌"…우리나라는?〉, 《이투데이》, 2021.3.18.

박윤경, 〈18살 선거권 1년…"투표소 '들러리' 아닌 동등한 시민으로 존중해야"〉, 《한겨레》, 2020.12.6.

최재천, 〈"빵이 없으면 과자를", 마리 앙투아네트는 억울하다〉, 《뉴스렙》, 2010.10.4.

윤명철, 〈이종우, "선거관리는 헌법의 이름으로 부여받은 권한"〉, 《시사오늘·시사ON》, 2013.10.23.

한지훈, 〈헌재 간통죄 폐지까지 25년간 다섯번 재판(종합)〉, 《연합뉴스》, 2015.2.26.

카드뉴스

[네이버지식백과] 지구촌

흑인 아이들에게 시행된 '인형 테스트'https://post.naver.com/viewer/postView.nhn?volumeNo=25310 384&memberNo=11880830&vType=VERTICAL

보도자료

국가인권위원회 보도자료(2005.4.7.), "초등학교 일기장 검사 관행 개선되어야"

인문학으로 깊이 통찰하고,
과학으로 날카롭게 분석하며,
수학으로 자유롭게 상상하는 힘!

맘에드림 생각하는 청소년 시리즈

맘에드림 생각하는 청소년 시리즈에 관하여

맘에드림은 배움의 주체이자 미래 사회의 주역인 청소년을 위한 '생각하는 청소년' 시리즈를 출간하고 있습니다. 청소년기는 논리적으로 사고하고, 윤리적으로 판단하며, 궁극적으로 자기 삶의 주인공이 되는 인간으로 성장하는 데 중요한 시기입니다. '생각하는 청소년' 시리즈는 청소년에게 삶과 밀접한 다양한 사회문제들을 재미있게 이해하고 해결 방법을 생각해볼 기회를 주고자 합니다. 나아가 친구들과 함께 진지하게 토론하고, 스스로 생각한 해결 방안을 실천해볼 수 있는 용기를 주고자 합니다. 이 시리즈를 통해 청소년들이 마음껏 생각하고, 상상하고, 느끼면서 역량을 키우고, 나아가 성숙한 민주시민으로 성장해가기를 기대합니다.

공간의 인문학 학교도서관저널 추천도서

한현미 지음 / 값 12,000원

이 책은 청소년들이 공간을 창조하는 행위인 건축에 대해 자신의 삶과 연관 지어 인문학적 성찰을 할 수 있도록 쓰였다. 이 책을 통해 인간의 삶에 행복을 주는 것은 값비싸고 화려하고 멋져 보이는 공간이 아니라 견고하고 유용하며 아름다운 공간이라는 것을 이해할 수 있을 것이다.

십대들을 위한 생각연습 학교도서관저널 추천도서

정종삼·박상욱 지음 / 값 12,000원

이 책은 청소년들이 스스로를 더 깊이 있게 이해하고, 아울러 자신에게 있어 타인, 사회, 국가, 세계사 어떤 의미를 갖는지 생각해보는 데 도움을 준다. 이를 통해 모두가 함께 잘 살 수 있는 세상은 어떤 세상인지 진지하게 고민해볼 수 있다면 우리 사회의 미래도 분명 따뜻하고 희망적일 것이다.

모두, 함께, 잘, 산다는 것 행복한 아침독서 추천도서

김익록·박인범·윤혜정·임세은
주수원·홍태숙 지음 / 값 10,000원

이 책은 청소년들에게 사회적 경제를 쉽고 재미나게 전달하기 위해 만들어졌다. 사회적 경제에 대한 호기심을 이끌어내는 것에서 시작해서 무엇보다 청소년들이 일상 속에서 직접 실천해볼 수 있는 여러 가지 활동들을 제시한다. 이를 통해 모두, 함께, 잘, 산다는 것의 진짜 의미를 깨닫게 될 것이다.

십대들을 위한 맛있는 인문학 학교도서관저널 추천도서

정정희 지음 / 값 12,000원

이 책은 과거와 현대의 다양한 먹거리와 그 속에 담긴 이야기들을 전한다. 저자는 청소년들이 좋은 음식의 의미를 생각해보고, 현대 사회의 고장난 먹거리체계에 관심을 기울이기를 바란다. 나아가 그러한 문제의식을 바탕으로 좋은 먹거리가 더 많이 생산될 수 있도록 하는 데 작은 힘이나마 보탤 수 있기를 바란다.

개정증보
지리는 어떻게 세상을 움직이는가? 학교도서관저널 추천도서
전국지리교사모임 추천도서

옥성일 지음 / 값 16,500원

개정증보판은 급변한 국제정세를 아우르며 한층 풍성하고 역동적인 이야기들을 담았다. 더욱 치열해진 패권전쟁과 각국의 지정학적 전략싸움이 흥미진진하게 펼쳐진다. 패권전쟁 이면에 존재하는 지리의 힘을 발견하면서 지정학에 재미있게 접근할 수 있다. 나아가 우리가 미래에 어떤 지정학적 선택을 해야 하는지 고민해볼 기회도 마련해준다.

쉬는 시간에 읽는 젠더 이야기

김선광·이수영 지음 / 값 12,000원

청소년은 건강한 비판정신을 바탕으로 사회문제에 관해 치열하게 논쟁할 수 있어야 한다. 이는 앞으로 그들이 더 나은 삶을 살아가고, 이 사회의 민주주의가 성숙해지는 데 밑거름이 될 것이다. 필자들은 이 책을 통해서 청소년들이 성 차별과 혐오, 페미니즘에 대한 왜곡 등에 대해 건강한 논쟁을 시작할 수 있는 기회를 마련해준다.

폭염의 시대 학교도서관저널 추천도서

주수원 지음 / 값 10,000원

기후변화는 단지 기후 문제일까? 저자는 기후변화, 나아가 기후위기의 시대를 살아가는 오늘날의 청소년들에게 기후변화의 실태와 사회문제로 이어지는 기후변화의 심각성을 이야기한다. 이 책은 폭염의 시대를 살아가는 청소년들의 의식을 한층 성장시킬 뿐만 아니라, 타인의 아픔에도 귀 기울일 줄 아는 성숙한 시민으로 성장하는 데 분명 도움을 줄 것이다.

경제를 읽는 쿨한 지리 이야기 학교도서관저널 추천도서
책따세 추천도서

성정원 지음 / 값 13,500원

지리의 눈으로 세상 구석구석을 살펴보는데, 특히 경제에 초점을 맞추었다. 그저 달달 외우기 바쁜 지루한 암기과목으로서의 지리가 아니라, 지리의 각 요인과 경제 사이의 역동적 상호작용이 만들어낸 흥미진진한 결과들을 살펴봄으로써 자연스럽게 경제를 이해하고 나아가 세상을 바라보는 새로운 눈을 뜨게 될 것이다.

방구석에서 읽는 수상한 미술 이야기

박홍순 지음 / 값 14,000원

미술작품에 투영된 현대 사회의 여러 모순들을 발견하고, 이를 해결할 방법을 함께 찾고자 한다. 공정과 평등에 관한 문제부터 다양한 중독 현상, 유명세와 행복, 불확실성과 함께 현대인을 덮친 불안과 공포, 함께 잘살기 위한 방안 등에 관한 즐거운 티키타카 속에서 미술작품은 물론 세상을 바라보는 새로운 눈을 뜨게 될 것이다.

10대, 놀이를 플레이하다 학교도서관저널 추천도서

박현숙 지음 / 값 13,500원

이 책은 창의력이 중요한 가치로 떠오른 21세기를 놀이의 시대로서 맞이하며, 책상 앞에 앉은 청소년들에게 놀이가 필요한 이유를 인문학적으로 풀어내고 있다. 저자는 세상을 놀이의 관점으로 다시 보도록 새로운 시야를 제시하고, 청소년들이 자유롭게 생각하며 놀이하는 인간으로서 미래 사회의 주인이 되기 위해 놀이 정신을 갖출 필요가 있다고 힘주어 말한다.

십대들을 위한 꽤 쓸모 있는 과학책

오미진 지음 / 값 14,000원

이제 과학은 우리의 평범한 일상생활 속으로 깊이 파고들었다. 이에 이 책은 우리의 일상과 떼려야 뗄 수 없는 다양한 주제의 과학 이야기들을 다룬다. 아는 것이 힘이라고 했다. 일상에 숨은 과학 개념과 원리를 이해하는 과정에서 뭐든 무심히 지나치기보다 한층 예리하게 바라볼 수 있는 눈과 냉철한 판단력을 돕는 과학적 사고를 키워갈 것이다.

십대들을 위한 좀 만만한 수학책 학교도서관저널 추천도서
오세준 지음 / 값 13,500원

이 책은 인류가 처음 수 개념을 만들어낸 순간부터 현재까지 세상 구석구석에서 알게 모르게 활약하고 있는 수학의 다양한 모습을 담았다. 수학과 관련한 등장인물과 배경, 사건 등이 서로 얽히고설켜 만들어낸 역동적 상호작용들이 마치 드라마처럼 흥미롭게 펼쳐진다. 내면에 잠들어 있던 수학 DNA를 깨우는 좋은 기회가 될 것이다.

바이러스 철학을 만나다 세종도서 교양부문 선정도서
박상욱 지음 / 값 14,000원

이 책은 예측불가능성과 불확실성이 난무하는 시대의 강력한 무기가 되어줄 철학적 사고를 일깨운다. 특히 코로나19 팬데믹과 함께 다시금 세상에 강렬한 존재감을 드러낸 바이러스의 생과 사를 통해 철학적 성찰을 이끌어내도록 끊임없이 질문한다. 특히 과학, 역사, 철학 등을 넘나들며 불확실성이 넘쳐나는 시대에 지향해야 할 삶의 태도와 배움의 방식에 대해서도 생각해보게 한다.

그림책으로 시작하는 철학연습
권현숙·김준호·백지원·조형옥 지음 / 값 14,000원

이 책은 그림책을 사랑하는 현직 교사 네 명이 함께 쓴 책으로, 그림책 읽기의 즐거움을 알려주는 동시에 그림책을 통해 생각하는 힘을 키울 수 있게 도와주는 교양서다. 청소년들은 크게 나, 너, 이웃, 미래 사회를 다룬 주제를 따라, 그림책 54권을 살펴보면서 자기 안의 문제를 하나둘 해결하고 너른 세상을 바라보는 안목을 키우게 될 것이다.

10대 우리답게 개념 있게 말하다 학교도서관저널 추천도서
정정희 지음 / 값 14,000원

이 책은 일상 언어생활의 의미와 가치를 다시 돌아본다. 최근 청소년 사이에서 무분별하게 복제 및 전파되는 유행어 중에는 혐오와 차별의 언어들도 꽤 많다. 저자는 이러한 말들이 자신도 모르는 사이에 의식을 혐오로 물들이는 데 주목한다. 또 표현의 자유를 방패막이 삼아 막말을 정당화하거나 진지함을 조롱하는 세태도 함께 돌아본다.

청소년을 위한 미디어 리터러시 이야기 학교도서관저널 추천도서

강정훈 지음 / 14,000원

이 책은 수많은 정보에 둘러싸여 사는 우리 청소년들에게 미디어의
변천사를 시작으로 뉴스의 역할, 가짜 뉴스의 탄생과 확산 과정, 언론의
자유와 책임 등을 알기 쉽게 설명하고, 한 발 더 나아가 미디어를
올바르게 수용하고 비판적으로 사고할 수 있는 능력을 기를 수 있도록
돕고 있다.

통섭적 사고력을 키우는 냉장고 인문학

안창현 지음 / 값 14,000원

이 책은 냉장고를 매개로 과거부터 현재를 넘나들며 고정관념에서
벗어나 자유롭게 생각을 융합하는 통섭적 사고를 자극한다. 다양한
분야에서 인류의 발전사를 들여다보는 한편, 앞으로 만들어갈 우리의
미래까지 상상해볼 수 있을 것이다. 더 나아가 일상에서 마주치는
평범한 것들을 색다른 시각을 바라볼 수 있게 도와준다.

10대가 알아야 할 민주주의의 꽃, 선거

서지연 · 이임순 · 조미정 · 현숙원 지음 / 값 14,000원

선거는 민주주의 사회에서 국민이 가장 효과적으로 자신의 의사를
반영하고 정치에 참여할 수 있는 수단이다. 이 책은 민주주의를
시작으로 삼권분립을 하는 이유, 정당의 목적과 필요성, 선거의 종류와
투표 방법, 우리나라 선거 제도의 변화 등 청소년이 알아야 할 선거와
정치에 대해 알기 쉽게 설명한다.

지구를 구하는 우리는 세계시민 학교도서관저널 추천도서

백용희 · 박지선 · 박지희 · 이시라 지음 / 값 16,000원

이 책은 일상과 동떨어진 세계시민교육이 아니라 우리 주변에서
일어나는 부의의와 불평등한 것들에 대한 최소한의 문제의식과 사회적
감수성을 키워 세상을 따뜻하게 바라보게 도와준다. 세계평화, 인권,
기후변화, 빈곤 등 전 지구적 문제들을 자신의 문제처럼 공감하고
인식하는 동안 인류의 지속가능한 발전을 고민해볼 수 있을 것이다.

그림책으로 시작하는 진로수업 2022 우수출판콘텐츠 선정작

고영심 · 고지연 · 김기정 · 김준호 · 성윤미 지음 / 값 15,000원

세상에는 수많은 직업이 있다. 우리 청소년이 살아갈 세상은 예전보다 빠르게 옛 직업이 사라지고 새로운 직업이 나타날 것이다. 이 책은 우리 삶이 그대로 담긴 그림책을 통해 일의 의미부터 일하는 이유는 물론 자기 자신을 이해하는 것을 시작으로 자신에게 맞는 진로와 직업을 발견할 수 있도록 돕고 있다.

독자 여러분의 소중한 원고를 기다립니다

맘에드림 출판사는 독자 여러분의 소중한 원고를 기다리고 있습니다. 원고가 있으신 분은 momdreampub@naver.com으로 원고의 간단한 소개와 연락처를 보내주시면 빠른 시간에 검토해 연락을 드리겠습니다.
